나만 알고 싶은
중개실무 시크릿북

이 책의 출판권은 (주)두드림미디어에 있습니다.
저작권법에 의해 보호받는 저작물이므로 무단 전재와 복제를 금합니다.

나만 알고 싶은
중개실무 시크릿북

왕초보 공인중개사 실전 매뉴얼

담백한경제이프로 **이소연** 지음

두드림미디어

프롤로그

　공인중개사가 되기로 마음먹고 이 책을 펼친 독자 여러분들은 이제 문 밖을 나서는 순간, 이전에 가지고 있던 모든 계급장을 내려놓는 것이다. 회사의 간판이 나를 지켜주던 시절은 이제 잊어야 한다. 공인중개사라는 세계는 10만 대 1의 구도 속에서, 오직 실력과 신뢰로만 살아남아야 하는 시장이다. 이 책에는 중개업 시장에서 루틴으로 일하고 브랜드로 성장하는 법을 기록했다.

　중개업의 매력은 단순하다. 오늘 만든 결과가 곧장 내일의 수입으로 이어진다. 한 건의 성사가 다음 성사를 부르고, 소개가 또 다른 소개를 열며, 시간이 지나면 당신의 이름 자체가 브랜드가 된다. 당신이 걸어 다니는 기업이 되고, 당신의 주변에 고객이 자연스럽게 늘어나는 구조가 형성된다. 그러나 그만큼 현실은 냉혹하다. 자유라는 이름은 너무나도 달콤하지만, 자신을 통제하지 못하는 순간에는 성과도 즉시 사라진다.

　초보 공인중개사들에게는 온전한 자유보다는 적절히 통제된 세일즈 코칭(Sales Coaching)과 세일즈 매니지먼트(Sales Management)가 필수적이다. 배움에 온전한 자유가 있을 수 없고, 통제의 부재는 존재하지 않는다. 온전한 자유는 초보 공인중개사에게 나태함을 불러올 수 있는 달콤한 유혹과도 같다. 자기 통제를 가능케 하는 것이 바로 나만의 루틴 만들기다.

모든 분야에는 상위 10%와 그 외의 90%가 존재한다. 미국의 경우 상위 10%의 가구가 보유한 부의 비중은 전체의 약 60% 수준이고, 특히 상위 1%의 가구는 미국 전체 부의 약 30% 정도를 소유하고 있다는 분석이 있다. 모르긴 몰라도 중개업도 상위 10%가 전체 매출의 절반 이상을 차지하고 있을 것이다. 중개업은 자유가 많은 직업이지만, 그 자유는 자기 통제가 전제될 때만 빛을 발한다. 우리는 앞으로 이 책을 통해서 상위 1%의 공인중개사가 되는 법을 배울 것이다.

회사원이던 시절, 성과를 내도 최종 보상은 회사가 가져간다는 사실 앞에서 오랜 고민을 했다. 일본 어학연수 후 대기업 계약직으로 시작해 빠르게 정직원이 되었지만, 야근이라는 불문율, 오래 앉아 있는 시간이 성실의 기준이 되는 낡은 문화는 스스로를 지치게 했다. 물론 돈 때문이 아니었다고 말할 수도 없었다. 누구나 돈을 벌기 위해 하는 것이 일이니까.

새로운 일에 대한 갈망으로 고민 상담을 했던 필자의 직장 상사로부터 "그 나이에 괜찮겠어?"라는 말을 듣고, 내 마음에 불을 지폈다. 따지고 보면, 허전함의 근거는 거창한 자기계발이 아니라 돈을 많이 벌고 싶었던 이유가 아니었을까 싶다. 만족스럽지 못한 월급의 액수가 필자를 중개업으로 이끌었다.

하지만 중개업이란 자격증 하나로 끝나는 곳이 아니라, 실전과 이론을 가리지 않고 끝없이 공부해야만 견딜 수 있는 곳이다. 비단 중개업뿐만 아니라 전문직이라는 분야에서 "모르겠다"라는 한마디는 곧 신뢰의 상실이 된다. 부동산 정책과 시장은 수시로 바뀌고, 고객의 정보력은 날로 높아진다. 정보에서 고객을 압도해야 한다. 그것이 공인중개사로서 살아남는 길이다.

지식 함양으로 단순히 '일을 잘한다'라는 사실만으로는 부족하다는 것이다. 이제는 고객을 '찾는' 사람이 아닌 고객이 '찾아오는' 사람이 되어야 한다. 병원·로펌·세무법인·감정평가법인 등이 개업과 동시에 마케팅부터 설계하는 이유는 아무리 실력 출중한 전문가라고 하더라도 자신을 알리지 못하면 고객을 불러들일 수 없다는 것을 알기 때문이다. 초기 마케팅에 엄청난 양의 돈을 쓰는 전문직 의사, 세무사, 회계사, 감정평가사 등을 많이 봤을 것이다.

이제는 자신을 알리지 못하면, '일잘러(일 잘하는 사람)'는 무의미하다. 중개업도 예외는 아니다. 나라는 사람을 시장에 내보여야 한다. 블로그든 인스타그램이든 유튜브든 매체는 중요하지 않다. 단순히 매물을 나열해서 알리고 소개하는 방식보다는 자신의 일하는 방식과 가치관, 현장에서의 태도를 꾸준히 보여줘라.

전세사기와 각종 분쟁 뉴스가 일상인 시대에, 고객은 낯선 공인중개사를 경계한다. 자신이 고객을 알기 전에, 고객이 이미 나의 역량과 성향을 알고 오게 만드는 것, 그 선(先) 신뢰가 계약의 성사를 앞당긴다.

SNS 등 각종 플랫폼을 할 수 없다면 첫 만남에서 만들면 된다. 말의 속도와 톤, 정돈된 명함과 깔끔한 자료, 약속 시각보다 조금 일찍 도착해 서류를 먼저 꺼내는 태도, 정장과 구두가 주는 기본기가 바로 그런 것이다. 수억 원의 자산을 다루는 자리에서 티셔츠와 슬리퍼를 신고 나온 공인중개사에게 신뢰를 기대할 수는 없다. 중개업에서 성공한 사람들은 고객의 기억 속에 자신의 이름을 계약서보다 더 강렬하게 남긴다. 자신을 보이도록 알리고 신뢰를 형성하는 '퍼스널 브랜딩'이 중개업에서 성공할 수 있는 가장 중요한 분수령이 될 것이다.

사무실 안에는 계약이 없다. 지도에는 없는 정보가 길 위에는 넘친다. 임장을 다녀오면 즉시 기록하고, 사진을 정리하고, 태깅(Tagging, 분류 작업을 의미한다)하고, 그 자료로 브리핑을 설계해야 한다.

하루의 리듬은 단순하다. 오전 임장 → 즉시 기록 → 오후 제안 → 저녁 콜백 방식 나만의 루틴으로 하루를 정리하는 것. 이 작은 루프가 하루를 만들고, 그 하루가 한 달을 만든다. 계획 없이 앉아 있는 시간은 수입 '0'으로 정산된다. 자유는 실력 있는 자의 보상이지, 무계획의 변명이 아니다.

영업의 고수들을 곁에서 보며 배운 공통점도 있다. 돈을 벌어야 한다는 절박함이 영업력에 시동을 걸고, 초심을 잃지 않고 고객을 놓치는 실수를 하지 않는 집중력이 영업에 추진력을 더하며, 자신감은 내일에 긍정적인 에너지를 전파한다. 마치 자기 일인 것처럼 처리해주는 사후 관리에서 느낀 감동은 또 다른 소개를 낳고, 선의의 승부욕은 '더 악착같이 해내겠다'라는 에너지로 추진력에 불을 붙인다. 변기 하나를 뚫어준 친절이 의외의 인연을 만들고, 밤늦은 한 통의 확인 전화가 다음 계약의 문을 연다. 기술보다는 상대를 대하는 태도가 오래도록 여운을 남긴다.

고객은 결국 좋은 물건 이전에 좋은 사람을 고른다. '이 사람이라면 내 시간을 허비하지 않게 할 것이다, 내 돈을 위험하게 하지 않을 것이다.' 그 확신이 생기는 순간, 성사는 이미 절반이다.

이 책은 화려한 성공담을 늘어놓지 않는다. 대신 체계를 제안한다. 장부와 로그(Log, 활동이력을 기록하는 것을 말한다)로 기억을 시스템화하는 법, 첫 통화에서 니즈(Needs)를 질문으로 끌어올리는 법, 사무실 브리핑으로 판을 깔고 현장에서 결론을 만드는 흐름, 특약 한 줄로 분쟁의 문을 닫는 법, 법과 문서를 방패로 삼아 무사고로 하나하나의 계약을 무사히 통과시키는 절차. 그리고 무엇보다, 당신을 찾아오게 만드는 퍼스널 브랜딩의 언어까지.

중개는 운이 아니라 준비된 설계의 결과물이다. 성과는 의지만으로 되는 것이 아니다. 성과는 바로 매일매일의 루틴에서 나온다.

이 두 문장을, 각 장의 도구와 체크리스트로 몸에 붙도록 만들 것이다.

오늘만 실행해보자. 사무실 문을 여는 즉시 지도에 큰 원을 하나 그리

자. 그 원 안에서 확보할 건물 다섯 곳을 정하고, 점심 전에 두 곳, 해가 지기 전 세 곳을 직접 다녀오자. 돌아오자마자 사진과 메모를 장부에 정리하고, 저녁에는 가장 가능성 큰 고객 세 명에게 브리핑 자료를 보낸다. 이 동그라미 하나가 내일을, 그 내일이 이번 달을 바꾼다. 그렇게 쌓인 결과들이 결국 퍼스널 브랜딩이 되고, 다시 매출이 된다.

필자는 오늘도 목표에 도달하지 못했다. 그래서 더 배운다. 더 기록한다. 더 먼저 제안한다. 이 책을 덮고 문을 나서는 당신이 같은 마음이면 좋겠다. 계약은 우연히 성사되는 듯 보이지만, 그 뒤에는 늘 체계적인 예행연습이 있다. 당신의 이름 앞에 붙은 다섯 글자, '공인중개사'가 단지 자격의 표식이 아니라 신뢰의 브랜드가 되길 바란다.

오늘의 한 걸음이 체계화되고 자신을 브랜드로 만들고, 그 신뢰는 곧 당신의 평생 고객을 만든다. 문은 이미 열려 있다. 이제 당신의 차례다.

이소연

CONTENTS

프롤로그   4

PART 1   중개업 시작해볼까? 초반 전략서

지갑이 버텨야 멘탈이 버틴다   16
월급쟁이 탈출 방정식   21
현 정부 부동산 정책 변화에 따른 중개업 맞춤 성공 전략   28

PART 2   중개영업 필수 생존 전략서

계약을 만드는 건 실력이 아니라 신뢰다   34
초보 공인중개사가 일머리 있는 사람이 되는 루틴 4가지   37
영업 타짜들의 공통분모 5가지를 모방하라   41

PART 3   시작은 결심이 아니라 설계다

지역 선택 전략, 사람이 흐르는 곳에 돈이 흐른다   48
입지 선택 4가지 법칙   63
업종 선택의 출발점은 '경력'보다 '성향'이다   66
주거용 vs 업무용 vs 상업용 장단점과 생활패턴   69
아파트는 별개의 중개 영역으로 봐야 한다   73

PART 4　개업은 선택이 아니라 전략이다

창업이냐 소속이냐, 중요한 건 방향이 아니라 태도다	78
로드형 vs 광고형, 대립이 아니라 균형이다	84
권리금, 비용이냐 레버리지냐	89
창업비용 완벽 분석 '1인 창업 기준'	94
혼자의 장사에서 함께하는 사업으로, 직원 고용의 의미와 전략	103

PART 5　중개는 루틴으로 만드는 시스템이다

검색 창부터 장악하라, 우리 사무실을 찾기 쉽게 만드는 법	110
[업종별 물건 확보 시크릿 1] 현장답사, 필드워크(Fieldwork)	115
[업종별 물건 확보 시크릿 2] 온라인 스나이핑(Sniping)	127
[임장 체크리스트] 현장이 말해주는 것을 기록하라	131
[오프라인 물건관리 장부] 기억이 아니라 체계로 응대하라	135
[온라인 물건관리 장부] 지도 위에서 바로 제안하라	140
물건 확보 루틴 만들기, 매일 반복이 억대 매출을 만든다	144

CONTENTS

PART 6   고객 미팅은 대화가 아니라 리드(Lead)다

대화로 니즈(Needs)를 끌어올리고 자연스럽게 리드하라	152
사전 브리핑으로 판을 깔고, 현장에서 결론을 만든다	161
결정의 심리를 리드하라, 양자택일의 법칙	163
2차 미팅, 계약으로 이어지는 결정적 연결 고리	167
유효고객, 시간을 투자할 대상을 가려내는 정밀 기준	172
고객 장부, 계약은 '사람'을 기억하는 데서 시작된다	175

PART 7   계약은 서류가 아니라 절차와 신뢰다

가계약에서 본계약까지, 흔들림 없는 절차 만들기	182
주택임대차계약의 정석, 탄탄한 기본이 공인중개사를 지킨다	188
상가임대차계약서의 정석, 법인 서류부터 위반건축물, 원상복구까지	192
권리금양수도계약의 정석	199
오피스임대차계약의 정석	207

PART 8   돈 관리와 세무 전략

버는 기술만큼 지키는 기술이 중요하다	214
바로 쓰는 돈·세무 운영 도구(개인 vs 법인)	216
세금 캘린더	219
인센티브 지급 세무	220

PART 9   초보 공인중개사가 반드시 알아야 할 법

주택임대차보호법 삼각구도, 대항력·확정일자·갱신청구	225
상가건물임대차보호법 3대 요소, 사업자등록·대항력·권리금	229

PART 10   중개 고수들만 아는 핵심 키워드 모음

현장에서 답하는 기술, 평당가란 무엇인가?	238
눈으로 면적을 판단하는 기술, 전용률이란 무엇인가?	242
1명의 고객, 2번의 계약! 이동의 양 끝을 동시에 잡아라	247
'~척'하는 공인중개사는 바로 아웃이다	248

에필로그	252

PART 1

중개업 시작해볼까?
초반 전략서

지갑이 버텨야
멘탈이 버틴다

처음 문을 여는 이 장의 제목처럼, 필자는 독자 여러분들이 자격시험을 위해서 직장을 그만두는 일은 한 번쯤 다시 생각해보기를 권하고 싶다. 중개업을 시작하겠다는 결심이 섰다고 해서, 곧장 회사를 그만둘 이유는 없다. 오히려 그 반대다. 퇴사란 확신만으로 되는 것이 아니라 현실이라는 장벽 속에서 삶을 영위할 수 있는 현금흐름이 갖춰졌을 때 선택하는 것이라고 생각한다.

왜들 퇴사를 고민할까?

첫째, 공인중개사 자격시험에 전념하려는 경우다. 이 시험을 한 번이라도 진지하게 준비해본 사람은 안다. 만만치 않다는 것을. '3개월 만에 합격했어요' 같은 문구에 현혹되어서 N수 하는 사람, 주변에서 여럿 봐왔다. 극소수에 자신의 가능성을 맞추는 것은 무모하다. 그 순간부터 길어진 수

험 루틴, 장기전의 소용돌이에 빨려 들어가기 쉽다. 멘탈이 무너질 수 있다. 만약 극단적으로 불합격했다면 어떻게 할 것인가? 우선 우리는 그런 선택지는 고민하지 않는 것으로 하자.

둘째, 자격증 유무와 무관하게 중개보조원으로 바로 현장으로 뛰어들려는 경우다. 직업 전환(이직)의 연장선처럼 보일 수도 있다. 실제로 중개보조원으로 시작해 업무 감각을 익히며 자격증을 취득하겠다고 생각하는 이들도 많다. 그런데 자격증을 정말 반드시 취득할 생각을 하는 사람이라면, 중개업에 뛰어들기 전에 자격증을 취득하고 시작하라고 조언하고 싶다. 우리 직업은 온종일 시달리는 직업이다. 일반 회사에서는 그래도 일을 마치고 오면, 업무에서 잠시 멀어질 수 있지만, 중개업은 아니다. 심지어 꿈에서도 나온다.

현장에서도 중개보조원을 그만두고 공인중개사 자격증 공부를 하는 동료들을 쉽게 찾아볼 수 있다. 그때는 현금의 흐름이 더 악화된 상황일 수도 있다. 신중하게 선택해야 한다. 반드시 자격증이 있어야만 중개업을 할 수 있는 것도 아니지만, 요즘은 자격증이 없으면 고객들이 색안경을 끼고 보기 때문에 자격증 없이는 중개하기가 여간 쉽지 않은 시대가 되었다. 공인중개사인 우리로서는 좋은 현상이다. 자격이 없어도 중개를 쉽게 할 수 있는 상황이 공인중개사들에게는 경쟁을 더 부추기는 일이고, 중개보조원들의 무책임한 중개로 인해 공인중개사들이 싸잡혀 욕을 먹는 경우도 많기 때문이다.

두 선택 모두 장단이 있다. 미리 자격을 갖추면, 현장에 들어와서 공부 시간을 쥐어짜지 않아도 된다. 반대로, 일단 현장에 들어와 보면 지식이 '살'이 되어 붙는 속도가 빠르다. 다만 중개업을 하면서 자격증을 취득하는 일은 만만치 않다. 정말 시간과 관계없이 고객과 통화하고 연락하고, 계약에 대한 여러 고뇌로 늘 업무의 연장선에서 살고 있는 공인중개사라는 직업이 결코 만만치 않기 때문이다. 중개보조원을 하면서 자격증 따시는 분들 존경해야 할 지경이다. 정말 어렵다.

어찌 되었든 분명한 사실 하나. '준비만을 위해' 퇴사하는 선택은 추천하지 않는다. 직장을 다니며 합격한 사람도 수두룩하다. 필자도 그중 하나다. 자랑하는 것이 아니라, 준비 없이 준비를 위해 생계를 포기하는 것은 무모한 부분이 있다는 것을 말하는 것이다. 당신이 경제적으로 여유가 있고, 맞벌이라서, 안 벌어도 배우자가 돈을 벌어와서 문제가 없다면 상관없지만 말이다.

중개업은 9 to 6의 규칙적 리듬으로 굴러가지 않는다. 자정이 넘어도 계약과 고객을 떠올리게 되는 일, 잦은 연락과 예기치 못한 변수 대응이 일상이다. 그러니 시험공부에만 매진하려고 현재의 생계 수단을 끊어버리는 건, 본 게임이 시작되기도 전에 체력을 소진하는 일과 같다.

현실적인 계산을 해보자. 일반적으로 시험 준비 6개월+현장 적응 3개월. 빠듯하게 잡아도 '최소 9개월' 동안은 수입 공백이 생길 공산이 크다. 여유 자금이 넉넉하다면 모를까, 대부분에게 그 공백은 곧 생활의 흔들림

이고, 흔들린 생활은 곧 멘탈의 붕괴로 이어진다. 자격증은 출발선이지 결승선이 아니다.

자격증 하나 손에 쥐고 사무실 하나 차리기만 한다고 해서, 소속 공인중개사로 취업한다고 해서, 거래가 줄지어 들어오지 않는다. 진짜 어려움은, 자격증 취득 이후부터 시작된다.

그렇다면 어떻게 할 것인가? 퇴사보다는 병행하는 것을 추천한다. 물론 쉽지 않다는 것을 안다. 그렇지만 불가능한 것이 아니란 것도 안다.

현재의 일을 유지하며, 학습 시간을 '업무처럼' 배치하라. 새벽형이든 야행성이든, 자신이 지킬 수 있는 시간표를 고정해 하루도 비우지 말고 누적하라. 공인중개사 시험은 엉덩이 싸움이다. 어렵기도 하지만 그보다 양이 너무 많아서 내용을 전부 다 보지 못하고 시험을 보는 경우도 허다하다. 주중에는 2~3시간, 주말에는 하루를 온전히 시험에 몰두해야 한다. 너무 기초이론부터 듣기보다는 핵심이론과 요약본으로 공부하는 방법도 좋다. 자신만의 공부 루틴을 만들어야 한다. 시험을 준비하는 1년이라는 기간에는 친구들과도 담쌓고 살면서, 공부하는 루틴을 만들어라. 이 루틴만 꾸준히 지키면, 자격증은 '시간 문제'로 바뀐다. 자신의 목적과 의지에 달렸다. 합격 후에는 즉시 현장에 투입될 수 있도록 하자. 혹시 지금 자신이 다니는 직장에서 쌓은 인간관계가 당신의 중개업에 상당히 큰 도움을 줄 것이라는 오해는 하지 말길 바란다. 기대가 크면 실망도 큰 법이다.

버티며 준비하는 자가 이긴다. 중개업은 속도가 아니라 지속력으로 승부하는 일이다. 시작을 견고하게, 생활을 무너지지 않게. 그것이 당신이 첫 페이지에서 반드시 새겨야 할 원칙이다.

월급쟁이
탈출 방정식

첫 월급 144만 원에서 시작된 질문

 필자의 첫 직장의 월급은 144만 원이었다(세전 월급이었다). 자연과학 전공을 했던 필자는 취업에 대해 고민을 하지 않을 수 없었고, 채용공고를 뒤지다 보니 해외 영업관리직이 전공과 무관하게 직원을 채용하는 것 같았다. 빨리 취직하고 싶었기 때문에 전공과도 맞지 않는 길을 선택했다(지금 생각해보면 해외 영업을 선택한 것은 영업이라는 직업에 대한 막연한 동경이었던 것 같다). 다른 나라의 바이어들과 교류하며 영업을 할 것으로 기대했던 것과는 다르게 필자가 선택했던 영업관리직은 공장에서 돌아가는 기계 같은 반복적인 업무의 연속일 뿐이었다. 온종일 출하되는 제품의 인보이스를 만들며, 시간에 쫓겨 허둥대던 나는 생각했다. '대체 뭘 하는 것인가?' 월급 144만 원이 자존심 상하기도 했다. 미래가 보이지 않는 하루하루가 불편하고, 불안했다.

 사실 이때도 부동산 중개 일을 해보고 싶다는 생각은 했지만, 자신감이 부족했다. 한 번도 경험해보지 못한 영업이라는 것을 해낼 자신이 부족했다. 사회 초년생이 뭘 안다고 그 일에 뛰어든단 말인가? 이 시절에는 30대 공인중개사가 흔하지도 않았다.

세상에 쓸모없는 경험은 없다는 것에는 공감한다. 이 회사에서 영업관리라는 업무를 하면서, 새삼 필자와 책상 하나를 사이에 두고 앉아 있는 영업사원들. 해외 반대편의 바이어들과 유창하게 언어를 구사하며 영업하는 그 사람들이 부러웠다. 필자 또한 멋진 해외 영업을 해보고 싶은 꿈이 생겼다는 점에서 말이다. 결국 도피하듯 일본으로 어학연수를 떠났다.

세상은 넓고 배울 것은 많다는 것을, 내가 우물 안의 개구리였다는 것을 일본 어학연수를 통해 낯선 언어와 문화를 접하면서 느끼게 되었다. 온전히 일본에서 아르바이트로 연수 생활의 생계비를 충당했다. 15년 전 만해도 일본사람들에게 한국인에 대한 이미지가 그렇게 좋지는 않았다. 그래서 정말 많은 면접을 봤던 것 같다. 수도 없이 실패를 반복한 끝에 한 이자카야에 아르바이트생으로 고용되었다. 일본어 한마디 못하는 내가 아르바이트를 구했다니 이해가 되는가? 근데 해보니 되더란 말이다.

7전 8기, 안 되는 일은 없다. 자신감을 가지고 준비가 부족하더라도 하면서 배우면 된다. 사실 필자는 MBTI '파워 J'로서 절대 하지 않을 행동을 한 것이지만, 돈도 없고 백도 없는 간절한 상황이 필자를 그렇게 만들었다. 그렇게 막무가내식으로 아르바이트생이 된 덕분에 필자는 일본어를 더욱 빠르게 배웠다. 일본에서의 유학 생활은 그 당시 필자의 삶에서 가장 큰 도전이었다. 그런 큰 도전을 잘 마무리하고 돌아왔다는 것에서 '해냈다'라는 성취감을 얻었다. 해보면 될 일이다.

실패하더라도 도전해보는 자만이 '해냈다'라는 스스로에 대한 신뢰와 믿음을 가질 자격이 생긴다.

해냈다는 성공의 느낌은 또 다른 도전을 부른다. 독자 여러분들이 지금 공인중개사라는 새로운 도전 앞에 서 있는 것처럼 말이다. 해냈다는 성취감은 새로운 도전에 대한 거부감을 줄여주었다. 자신에 대한 믿음은 새로운 선택지를 열어주었다. 하지만 다시금 한국에서의 정형화된 취업 전선에 뛰어들었다. 단지, 더 좋은 취업을 위해 뛰었을 뿐, 필자 스스로 앞날을 개척할 생각은 부족했던 탓이다.

3개월간 매달 치른 시험 결과 토익 910점을 받으면서 취직 준비의 한 걸음을 더 내디뎠다. 토익 고득점과 제2외국어라는 강점을 가지고 두 번째 직장에 합격했다. 일본 대상 해외 영업직이었고, 첫 직장 대비 200% 이상 오른 연봉을 받았다(처음에는 영업관리로 취직했는데 나중에는 영업까지 하게 되었다).

나름 2년 정도의 시간을 쓴 보람이 있는 걸까? 대기업에 취직할 수 있을 것이란 생각은 꿈에도 못 했고, 2년 계약직으로 취업해 6개월 만에 성과를 인정받아 정직원으로 전환되었으니, 나름 만족스러운 회사생활을 했다. 정말이지 여기서 뼈를 묻을 줄 알았다. 그러나 2년 뒤 회사를 그만두었다. 성향상 필자에게 맞지 않는 옷을 입고 있는 그런 기분을 느끼고 있었다는 것을 두 번째 직장에서 결국 인지하게 되었던 것 같다. 삶을 주도하고 싶었다. 늘 그랬다. 그리고 목표를 전환했다.

나중에 와서 느낀 것이지만 회사생활을 해본 사람이 중개업을 더 잘한다. 이유는 뒤에서 나온다(다만, 지극히 개인적인 의견이다).

다단계회사에 가보면 자신만의 인생 계획서를 작성해보도록 한다(필자는 다단계회사에 가서 취업강연을 들은 적이 있다). 인생의 목표와 버킷리스트를 써보는 일이 자신에게 동기부여가 되는 일임을 그때 새삼 느꼈다. 다단계라는 게 부정적인 이미지가 있지만, 동기부여 방식과 목표 설정 그리고 목표에 대한 성과 수치화 등의 체계적인 시스템은 정말 배워야 할 점이 많은 분야라고 생각한다.

30세에 시작해 80세까지 산다면, 앞으로 50년. 매월 500만 원을 쓰는 삶을 가정하면 생애 필요자금은 약 18억 원. 여기에 집 한 채, 차 한 대와 세계 여행 등 삶의 중간중간에 소박한 꿈을 더하면 대략 내가 80세까지 쓰기 위한 자산은 30억 원이 필요하다는 계산이 나왔다. 30억 원이라는 돈은 죽었다가 깨어나도 월급으로는 벌 수 없는 돈이었다. 투자나 사업을 통해 성공하는 것이 아니고서는, 절대 월급으로는 목표에 도달할 수 없는 수치였다.

독자 여러분들도 단순히 열심히 회사에서 돈 벌어서 월급으로만 살겠다는 마음을 가진 사람들이 있다면, 일생 써야 할 예산을 적어보자. 그렇다면 절대 월급만으로는 자신의 노후를 보장받을 수 없다는 것을 깨달을 것이다.

사람들은 불안한 현실에 맞닥뜨리는 것을 거부하곤 한다. 지금의 안정이 영원하지 않다는 것을 알지만, 두렵다. 이것마저 잃을까 봐. 필자도 그랬다.

그러나 그것을 숫자로 수치화했을 때, 오히려 자신이 가야 할 길이 보이고, 목표가 생겼다. 필자는 '사람·공간·돈'이 교차하는 곳 공인중개사를 필자의 목표를 이루어주는 수단으로써 선택하기로 했다. '원함'은 그저 원하는 것이다. 그것을 '실천'으로 바꾸었을 때 자신의 미래가 바뀌는 것이다.

아무 일도 하지 않으면, 아무것도 변하지 않는다.

스스로 물었다. '한 달에 얼마를 벌고 싶니?' 2010년개 초에는 월 500만 원이 성공한 사람과 그렇지 않은 사람들의 기준이 되는 수준의 수입이었다. 그래서 답은 망설임 없이 나왔다. '월 500만 원의 순수익.'

그 숫자는 단순한 수입의 합계가 아니라, 삶을 송두리째 바꾸고 재정비해야만 하는 기준이 되는 단위였다. 30대 초반의 나이에 그 돈은 상당히 큰 액수였고, 큰 약속이었고, 이룰 수 있을까에 대한 의문을 스스로 가질 만한 앞이 보이지 않는 계획이었다. 그 당시 순수익 500만 원이면 연봉으로 치면 7,500만 원 선이었다. 일반 중소기업의 임원급이나 되어야 받을 수 있는 금액이었기 때문에, 쉽지 않은 목표임이 틀림없었다. '월 500만 원이면 뭐든 다 할 수 있지 않을까?' 기분 좋은 상상을 했다. '계획 없는 꿈은 그저 소망일 뿐(생텍쥐페리, Saint Exupery)', 목표를 세웠고 이루기로 마음먹었다.

필자는 10년 차 공인중개사로 일하고 있는 아직도 부동산과 경제 분야 신문을 아침마다 보고 있다. 경제상식은 물론이고, 영업 자체에 대한 행동 루틴을 만드는 작업에 10년이 지난 지금도 끊임없이 매진하고 있다. 어느 한 예능 프로그램에서 몸을 예쁘게 만든 남자 연예인이 나왔는데, 운동을 얼마 정도 안 하면 근육이 빠지기 시작하냐고 물었는데. 2개월이면 족하다고 했다. 루틴을 만드는 것은 힘든 과정이지만 그 루틴을 무너트리는 것은 한순간이다. 지치지 않는 자신만의 리프레쉬(Refresh) 방법도 잘 활용해야 한다.

TM(유선통화상담) 작업과 임장은 매일의 식사와 같은 루틴으로 만들었다. 고객 장부와 매물장부를 규칙적으로 업데이트하면서, 물건과 고객에 대한 파악도 수월해졌다. 동시에 고객과의 미팅에서 한층 자신감 있는 모습으로 변화하면서 대면과 설득의 기술은 격상되었다.

공인중개사로서의 업무 시간이 쌓일수록 자연히 월 500만 원은 '꿈의 숫자'가 아니라 어느 순간 필자에게 '기본선'이 되었다. 그런 반복되는 루틴으로 중개업을 하다 보니 이제는 월 500만 원이라는 금액이 필자에게, 아쉬움을 남기는 숫자가 되어버렸다. 목표는 달성하는 순간 끝나는 것이 아니라, 다음 목표로 자연스레 진화하는 것이다.

물론 쉽지 않다. 모두가 성공하는 것도 아니다. 그러나 분명한 사실 하나. 아무것도 하지 않으면 아무 일도 일어나지 않는다는 것이다. 망설임은 기회의 상실이다. 행동은 성공의 확률을 높인다. 실패한다고 해도 의미 없는 경험은 없다. 필자는 경험으로 안다. 공인중개사는 단지 돈을 버는 수단이 아니라, 목표를 실체로 바꾸는 강력한 도구가 될 수 있다는 것을.

최근에 우리 중개사무실에 고객 한 분이 방문해서 이야기하기를, 다른 중개사무실들은 전부 "집값이 곧 있으면 하락할 거니까 조금 있다 집을 사세요"라고 말했다고 한다. 과연 그럴까? 매년 물가는 2%의 이상적인 상승률을 유지하고, 화폐는 시중에 계속 풀리며 그 가치는 하락하고 있다. 2025년 현재 기준, 주택 공급은 1990년 이후로 역대 최저치를 기록하고 있고, 다주택자에 대한 각종 규제로 임대차 시장이 위협받고 있는 이런 상황에 집값의 우상향이 비정상적인 움직임인지에 대해서 우리는 판단할 수 있어야 한다.

지금의 고객은 높은 수준의 정보를 습득한다. 각종 매체에서 엄청난 정보들을 쏟아내고 있다. 눈감고 귀 막고 세상을 보지 않는 공인중개사는 더 이상 살아남을 수 없다. 이번 달의 한국은행 기준금리가 얼마인지 모르고는, 미국의 연방준비제도이사회(이하, 연준)는 연방공개시장위원회(이하, FOMC)에서 기준금리를 어떻게 결정할 것인지를 모르고는, 한국부동산원에서 매주 발표되는 주간 아파트 가격동향지수의 방향을 모르고는, 이제 고객과 대화할 수 없다. 독자 여러분 자신을 절대 고객에게 '복덕방 아줌마, 복덕방 아저씨'로 불리게 두지 말자.

현 정부 부동산 정책 변화에 따른 중개업 맞춤 성공 전략

지금의 부동산 핵심 트렌드는 양극화다. 중개업도 마찬가지로 양극화 방향으로 흘러가고 있다. 독자 여러분의 수준에 맞게 자신이 선택할 수 있는 분야의 핵심 지점을 잘 판단해야 할 시점이다.

중개업을 생업으로 삼는 사람이라면 정부의 부동산 정책과 거시경제 뉴스에 둔감할 수가 없다. 둔감하다면 지금 당장 신문의 경제면을 펼쳐 흐름을 훑어야 한다. 거래량과 가격, 대출과 세제, 공급과 규제는 종종 기사 한 줄, 보도자료 한 장으로 방향이 완전히 달라질 수 있다.

최근 두 차례의 대책(6·27, 9·07)은 그 전형을 보여줬다. 6·27 대책은 서울 핵심지의 과열을 식히기 위한 강한 대출 규제에 방점을 찍었지만, 일시적인 거래 위축 외에는 상승세를 꺾지 못했고, 9·07 대책은 공급 확대로 큰 틀을 잡는 동시에 규제지역 확대 가능성을 시사하며 시장의 경계심을 자극했다. 중심지의 강세는 외곽으로 번졌고, 강남 3구·용산에 집중되었던 거래는 마포·성동·강동·광진 등 비(非)규제지역 축으로 확산되었다. 2025년 10월 현재, 전년 대비 서울 핵심지는 신고가 갱신 흐름을 이어가고 있다.

핵심 변수는 공급이다. 서울 주택보급률이 93.6% 수준으로 낮아진 상황에서, 단기간에 체감 공급을 늘릴 수 있는 선택지는 제한적이다. 아파트는 착공에서 입주까지 통상 4년 내외가 소요되므로 현시점의 부족분을 당장 메우는 해법이 되기 어렵다.

반면 비(非)아파트(빌라, 다세대주택, 오피스텔)는 사업·공정이 짧아 6~12개월 단위의 신속한 공급이 가능하다. 전세사기 후유증으로 이 분야에 대한 인식이 훼손된 건 사실이지만, 바로 그 지점이 정책·제도의 보완과 시장 신뢰 회복의 타깃이 될 가능성이 큰 것이다. 정책자금(디딤돌·버팀목 등) 운용을 축소 조정하고, 비아파트 매입·공급 쪽으로 무게를 둔 최근 기조도 같은 선상에서 읽을 수 있다.

2015~2023년 가구 및 주택 수의 변화와 주택보급률

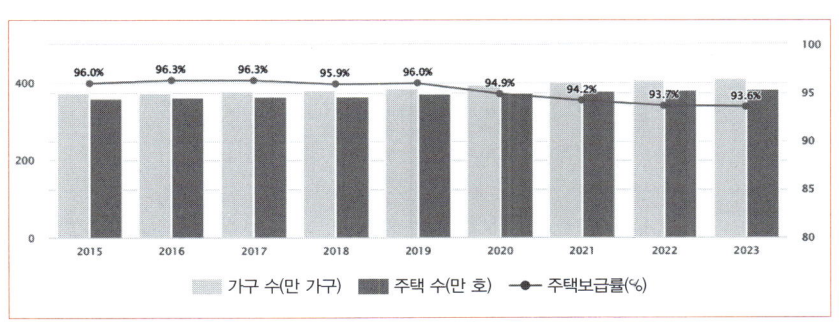

출처 : 서울도시기본계획 모니터링 리포트

향후 5년은 더 분명해진다. 2030년까지 수도권 아파트 공급이 1990년대 이후 최저 수준으로 예고되는 국면에서, 아파트 중개는 규제·정책의 영향을 가장 예민하게 받는 종목이 된다. 절대량 부족, 계약갱신청구권으로 인한 4년 회전 주기, 추가 규제 가능성을 모두 고려하면, 무작정 아무 아파트 단지 상가나 입점해서 '아파트 일반 중개'로 승부를 보기에는 역풍이 너무나도 강하다.

이 구간에서 유효한 거래는 '15억 원 이상 실거주용 고가 주택' 규제·대출 변수의 영향을 상대적으로 덜 받는 분야로 양극화되어 수렴할 공산이 크다.

오피스·상가의 경우에도 프라임급과 비(非)프라임급 오피스의 양극화가 심화되고 있다. 중개업을 처음 시작하는 독자 여러분들의 경우에는 중소기업, 프리랜서, 스타트업 대상으로 공급 과잉으로 인해 월차임이 크게 인하되어 일반 빌딩과 비교하면 경쟁력을 가지는 지식산업센터와 동네에 작은 빌딩들(준프라임급 오피스)의 접근이 유효할 것으로 판단된다.

상가의 경우에는 대형 상권보다는 주거지형 상가, 특히 생활권 핵심(마트, 학원, 병원) 위주나, 공실률이 높은 대형 상가 대신, 소형 1층 점포 + 실입주 창업형 고객에게 집중하는 것이 유효하다. 특히 퇴직자, 프랜차이즈 가맹점주, 1인 창업자 수요가 증가 중으로 실제 현장에서도 1층 소형 점포에 대한 수요가 부쩍 늘고 있는 상황이 눈에 띄게 보인다.

중개업 시장에서 앞으로의 5년. 당분간 언급된 분야가 중개 실적을 견인할 가능성이 크다고 볼 수 있다. 그중에서도 비(非)주거용(빌라·다세대주택·오피스텔)이 가장 강세를 보일 시장으로 예상된다. 중개 전략은 명확하다. 정책을 읽는 자가 시장을 선점한다. 생동하는 규제·공급·금융의 교차점에서, 무엇을 줄이고 무엇을 늘릴지 결정하는 순간이 성과를 가른다. 흐름을 해석해 제안으로 번역하는 공인중개사에게는, 다음 5년의 실적 곡선은 우상향할 것이다.

PART 2

중개영업 필수 생존 전략서

계약을 만드는 건
실력이 아니라 신뢰다

    돈을 잘 버는 공인중개사와 그러지 못한 공인중개사는 뭐가 다를까? 겉으로 보기에는 둘 다 열심히 발품을 팔고 전화를 받고 미팅을 한다. 그러나 조금만 가까이 들여다보면 결이 다르다. 영업의 본질은 '자기 일의 가치를 시장에 인정받는 과정'이다. 그래서 영업은 자신을 고객에게 드러내고, 자신의 네임밸류를 올리고, 그에 비례해 수입을 키울 수 있다는 매력이 있다. 한번 인연을 맺은 고객과 관계가 이어지면 '사람'이 '브랜드'가 된다. 자기 자신을 브랜딩 할 수 있는 힘, 당신이 고객을 찾는 것이 아니라 고객이 당신을 찾게 만드는 것, 그것이 돈 버는 공인중개사와 그렇지 못한 공인중개사의 차이다. 간단하게 말하면, 마케팅을 어떻게 할 것인지에 대한 이야기다.

    영업은 냉혹하다. 계약을 만들지 못하거나 자신을 스스로 다스리지 못하면, 그날의 노력은 자취 없이 사라진다. 중개도 예외가 아니다. 요즘 병원·로펌·세무·회계·감정평가 같은 전문직이 개원·개업할 때 가장 먼저 투자하는 것이 마케팅인 이유를 떠올려보자. 초기에 존재감을 확보하지 못하면, 실력은 빛을 보지 못한 채 서랍 속에 묻힌다. 중개업도 같다.

일을 잘하는 것은 '전제조건'일 뿐, '충분조건'이 아니다. 아무리 완벽한 매칭과 깔끔한 계약을 만들어낸다고 해도, 손님과 건물주가 당신의 존재를 모르고 지나가면 기회는 영원히 오지 않는다.

그래서 질문은 이렇게 바뀐다. 어떻게 하면 '나'라는 사람을 고객의 시야에 정확히 드러낼 것인가. 브랜딩은 거창한 이벤트가 아니다. 자신이 어떤 영역을 다루고, 어떤 기준으로 판단하며, 어떤 태도로 일하는지를 일상적으로 드러내는 일이다. 블로그, 인스타그램, 유튜브, 스레드 등 무엇이든 좋다. 매물 나열에 그치지 말고, 시장을 읽는 관점, 정책과 시사에 대한 해석, 현장 체크리스트와 제안의 태도를 꾸준히 보여줘라. 고객이 낯선 공인중개사에게 경계심을 갖는 것은 너무 당연하다. 전세사기 등 이슈를 겪으며 '공인중개사는 믿기 어렵다'라는 감정이 널리 퍼져 있기도 하고, 게다가 부동산이란 것이 워낙 금액이 큰 거래이기 때문에 평생에 몇 번 없을 이벤트이기도 하기 때문이다. 너무나도 중요한 일생의 결정 과정 중의 하나이기 때문에 낯선 공인중개사에게 경계심을 갖는 것은 이상한 일이 아니다. 그래서 당신은 고객을 모르지만, 고객은 이미 당신의 얼굴과 태도, 일하는 습관을 알고 당신을 찾아온다면, 선(先) 신뢰를 확보하는 데 중요한 역할을 할 것이다. 의심이 아니라 오히려 만나기 전에 이미 신뢰의 마음이 자리 잡고 있을 것이다.

만약에 당신이 SNS와 같은 매체를 통해서 당신을 알리지 못했다 하더라도, 첫 미팅에서 고객에게 어떻게 당신을 어필하는지에 따라서 고객에게 신뢰를 줄 수도, 부정적인 감정을 줄 수도 있다. 첫 만남의 인상은 말보다 먼저 각인된다.

말의 속도와 톤, 정돈된 명함, 깔끔한 자료, 약속한 시각보다 조금 일찍 도착해 서류를 먼저 꺼내는 태도, 외모와 매무새 역시 과소평가하지 말아야 한다.

면 티셔츠, 청바지, 슬리퍼 차림으로 고객을 대하는 것은 수억 원의 자산을 다루겠다는 태도로 도무지 볼 수가 없다. 그런 태도를 본 고객에게서 신뢰를 기대할 수 있는가? 실력은 기본이다. 모자라면 배우면 된다. 배워도 맞지 않으면 그때는 직무 적합성을 점검하면 된다. 다만 오늘의 중개는 '일을 잘하는가'보다 '일을 잘하는 나를 어떻게 보이게 하는가'가 승부를 가른다.

고객은 결국 '좋은 물건' 이전에 '좋은 사람'을 고른다. '이 사람이라면 내 시간을 허비하게 하지 않겠다, 내 돈을 위험하게 하지 않겠다'라는 확신이 드는 순간 계약은 이미 절반쯤 성사된 것이나 다름없다.

오늘 자신이 쌓는 한 장의 제안서, 한 줄의 특약, 한 번의 정시 도착이 자신의 이름을 브랜드로 만든다. 시간이 흐르면 고객은 이렇게 말한다. "중개 대상물은 여러 번 바뀌어도, 공인중개사는 계속 같을 것이다."

그때 그 공인중개사가 당신이기를 바란다.

초보공인중개사가 일머리 있는 사람이 되는 루틴 4가지

　노하우를 흔쾌히 내어놓는 동료는 현장에서 보기 드물다. 업의 속성상 서로가 경쟁자이기 때문이다. 사람은 자신이 이길 법한 상대에게는 시샘을, 자신보다 한참 높은 사람에게는 부러움을, 넘사벽에게는 존경을 표한다. 이 감정들이 얽힌 현장에서 전략과 요령은 곧 생존 도구가 된다. 그러니 노하우를 기꺼이 공유하는 동료를 만난다면 그것은 행운이다. 다만 그 행운에 기대어 커리어를 설계할 수는 없다.

　결국 승부는 '자신만의 방법을 얼마나 빨리, 얼마나 단단히 만들었는가?'에서 갈린다.

　조직의 분위기는 보통 대표의 스타일에 좌우된다. 방임형이면 실장 간 경쟁이 심화되어 각자도생의 문화가 자리 잡기 쉽고, 케어형이면 서로의 빈틈을 메워주는 팀플레이가 살아난다. 어느 쪽이든 핵심은 같다. 남의 성공을 부러워하는 시간에 자신만의 절차를 만들어내야 한다. '자료를 어떻게 모으고, 임장을 어떻게 돌고, 제안서를 어떤 포맷으로 만들며, 고객 콜백을 어떤 리듬으로 처리할 것인지?' 이 모든 것이 곧 자신만의 자산이 된다.

중개업의 장점으로 흔히 '시간의 자유'를 말한다. 사실이다. 그러나 이 자유는 칼날과 같다. 회사원이었다면 시킨 일을 성실히 처리하는 것만으로도 월급은 들어온다. 공인중개사는 다르다. 당신이 움직이지 않으면 아무 일도 일어나지 않는다. 일정표가 비는 순간, 매출도 비워진다. 그래서 달력과 다이어리, PC·모바일 캘린더는 필수 장비다. 하루를 시간 블록으로 쪼개어 '임장-정리-브리핑-콜백-광고 점검' 같은 루틴을 박아넣지 않으면, 하루가 의미 없이 사라지고, 그 하루들이 모여 한 달 수입이 '0'이 된다. 잘 벌면 수천만 원이지만, 못 벌면 한 푼도 못 버는 직업이 공인중개사다.

자유는 실력 있는 자의 보상이지, 무계획의 변명이 아니다.
신입이 가장 어려운 것은 첫 출근 날일 것이다. 사장이 아무 지시를 하지 않으면 누구라도 멍해지기 마련이다. 이때 필요한 것은 '스스로 시동을 거는 힘'이다. 예를 들자면, 멈춘 차를 밀어 바퀴의 첫 회전을 만들 때 에너지의 대부분이 든다. 그러나 한번 구르기 시작하면 그다음부터는 훨씬 가볍다. 중개도 같다. 초반의 버벅댐을 지나가려면, 당신의 몸을 먼저 움직여야 한다.

필자의 시행착오를 압축해, 현장에 막 들어선 초보가 당장 실행하면 일주일 만에 '일머리 있는 사람'이 될 만한 실전 루틴을 제안한다.

첫째, 책상 위 무기 즉, 컴퓨터의 채비부터 끝내라. 즐겨찾기를 정비하라. 카카오맵, 네이버 지도, 국토교통부 실거래가, 정부24, 인터넷등기소, 건축행정시스템(세움터), 네이버 부동산, 직방, 다방, 관할 구청 민원창구 등 일을 하며 반복적으로 여는 사이트를 폴더로 묶어두라. 로그인, 인증서, 자주 쓰는 검색어까지 미리 세팅해두면 손이 빨라진다. 첫날의 어색함도 줄고, 업무 속도는 배로 빨라진다.

둘째, 회사의 광고 동선을 '스캔'하라. 사장에게 어디에, 무엇을, 어떻게 올리는지 물어보고 현재 집행 중인 광고를 전부 훑어라. 지역·평형·업종·임대료 밴드·사진 톤·문구 패턴을 보면, 사무실에서 주력으로 중개하는 권역과 강점, 경쟁 포지션이 한눈에 보인다. 동료들의 광고문장을 베끼라는 뜻이 아니다. 우리 사무실의 언어와 스타일을 익혀두어야 고객 응대와 신규 광고에서 톤이 일관된다. 일관성은 신뢰의 전제다.

셋째, 지리를 몸에 익혀라. '사무실 안에는 계약이 없다.'
초보일수록 의자에 오래 앉아있지 말고 나가서 골목을 걸어라. 큰길-골목-막다른 길의 연결, 유동 동선, 버스정류장과 역 출구, 공영주차장 위치, 점심 피크 시간대의 체감 인구, 간판 규제와 간판 가시성, 엘리베이터 홀 위치, 화장실 남녀 분리 여부, 비상계단과 후문 등등 지도에는 없는 정보가 현장에는 있다. 고객이 물었을 때 그 동네를 고객보다 잘 모르는 공인중개사는 그 자리에서 이미 신뢰를 잃는다. 임장 사진은 다각도의 앵글로 반복 촬영하고, 회사 복귀 후 즉시 자료집에 태깅(Tagging)하라. 이것이 다음 브리핑의 뼈대가 된다.

넷째, 선배에게 먼저 다가가라. 사무실 대부분에는 동료 선배가 있다. "알려달라"는 말을 꺼내는 순간, 관계가 열린다. 답사에 동행을 요청하고, 현장에서 무엇을 살펴야 하는지를 물어보고, 가진 정보의 공유가 가능한지 구체적이고 정중하게 질문하고 부탁하라. 앞서 말했듯 노하우를 먼저 꺼내주는 동료는 드물다. 그러나 '묻는 사람'에게는 대부분 선뜻 답한다. 질문의 질이, 곧 성장의 속도를 정한다.

요컨대, 동료가 노하우를 나눠주길 기대하지 말고, 스스로 체계를 만들어라. 시간의 자유를 통제의 자유로 바꾸고, 현장에서 답을 얻어 기록으로 체계화하라. 그리고 먼저 묻고, 먼저 걷고, 먼저 제안하라. 사장은 이런 사람을 한눈에 알아본다. '저 사람, 일 잘하겠다.' 그렇게 인정이 시작되고, 그 다음에야 비로소 사장의 노하우도 당신에게로 흘러 들어온다.

영업 타짜들의 공통분모
5가지를 모방하라

우선 착각 하나를 걷어내고 싶다. '사장이 되면 시간이 많아진다'라는 믿음이다. 자영업자의 시간은 대부분 반대다. 휴일 감각이 흐려지고, 일요일에도 저녁까지 현장을 뛰기 일쑤다. 다만 그 시간은 성과로 바뀐다. '오전 임장, 즉시 기록, 오후 제안, 저녁 콜백 정리', 이 작은 루프가 하루를 만들고, 그 하루가 한 달을 만든다. 힘들지만, 해낼수록 수입과 브랜드가 정직하게 반응하는 구조이기에 즐거움으로 바뀐다.

영업을 잘하는 법에 대해 누구나 한 번쯤은 고민한다. '영업의 신'이라 불릴 날이 올까 상상하며, 자기계발서를 붙잡고 선배들의 선례를 좇아보기도 한다. 필자 역시 그랬다. 현장에서 만나 본 영업의 고수들에게는 분명한 공통분모가 있었다.

첫째, 간절함이다.

벌써 6권의 책을 출간하신 작가이자, 트레이너, 우리나라 중개업의 최고 간판인 젠스타메이트㈜ 노창희 대표님을 찾아뵈었을 때 들은 말이 유독 기억에 남는다. 이른 시간 안에 최고 매출을 만드는 사람의 전형을 추적해보셨다고 했다.

'만 29~31세 남성, 신혼 초, 한 집안의 두 돌 안팎의 아기를 둔, 홑벌이의 가장.' 젊어 축적된 자산이 크지 않고, 내가 벌지 않으면 가계에 돈이 들어올 구멍이 없는 조건, 그야말로 간절함의 정점이다.

전화를 한 통 받았을 때 이 고객이 계약으로 이어질지는 그 누구도 알 수 없다. 그러나 '이 한 건을 놓치면 이번 달 공칠 수도 있다'라는 절박함이 몸에 깔려 있는 사람은 끝까지 설득하고, 어떻게든 결론을 만들려고 노력할 것이다. 반대로 맞벌이라 수입 공백의 압박이 덜하거나, 당장 생계에 지장이 없다고 느끼는 순간, 사소한 감정의 상처나 대화의 어긋남에 고객을 쉽게 놓아버리기 쉽다. 간절함은 영업의 시동이며, 끝까지 붙잡게 만드는 근력이다.

둘째, 집중력이다.

흔히 '초심을 잃지 말자'라는 말을 하는 이유가 여기에 있다. 중개업에서는 입문 후 2~3개월 동안 배우는 것이 거의 전부다. 3~6개월이 지나면 인풋(In-put)보다 아웃풋(Out-put)이 많아지는 국면으로 접어든다. 이때 집중력이 흐트러지면 고객을 한 번 만나보고 지레짐작으로 '이 손님은 아니다'라고 선을 그어버리는 자만심을 갖게 된다. 고객은 수많은 다른 공인중개사에게도 연락한다. 결국 그 고객은 다른 공인중개사와 분명 계약을 했을 것이다. 성사 여부는 결국 누가 더 오래, 더 성의 있게 집중했는가에 달려있다. 질문을 통해 니즈(Needs)를 끝까지 끌어내고, '고객의 공간을 찾는 일이 곧 나의 공간을 찾는 일'이라는 진실한 마음으로 파트너십을 형성하는 태도, 이 집요한 집중력이 영업력을 만든다.

셋째는 자신감이다.

영업사원의 자질 중 가장 중요한 것은 첫째도, 둘째드, 셋째도 자신감이다. 자신감이 빠지는 순간, 그 에너지는 상대에게 그대로 전달된다. "입사한 지 얼마 안 되어서 잘 모르지만, 열심히 해보겠다"라는 말과 "이 물건은 당신에게 꼭 맞으니 이대로 진행해보시지요"라는 달은 전혀 다른 파장을 낸다. 말끝을 흐리지 말고, 또렷하게, 근거를 갖추어, "나를 믿고 따라오라"라고 안내해야 한다. 밝은 사람 옆에서 덩달아 밝아지듯, 자신감은 전염된다. 자신감이 생기면 영업이 잘되고, 영업이 잘되면 자신감이 더 커지는 선순환이 만들어진다. 때로 자신감이 떨어지는 날에도, 자신감 있는 태도를 먼저 장착해야 하는 이유다.

넷째는 고객 관리다.

사후 A/S, 인맥 관리라고 불러도 좋다. 영업을 잘하는 사람들은 후속 대응이 빠르다. 사후 관리가 좋으면 소개가 따라온다.

소개는 계약 성사율이 압도적으로 높은 루트다. 첫 고객으로부터 신뢰를 얻어야만 가능한 일이고, 그 신뢰를 기반으로 지인에게 '이 사람'을 자신 있게 권하는 순간, 계약까지의 거리는 이미 절반쯤 좁혀진다.

때로는 사소해 보이는 도움, 예컨대 변기가 막혀 긴급히 도움을 청했을 때 기꺼이 처리해주는 일이 결정적 계기가 된다. 절박했던 순간의 도움은 오래 기억되고, 그 기억은 곧 소개로 전환된다. 누가 알겠는가, 변기를 뚫어준 그 집주인이 재벌 집 3세였을지도, 그 인연이 어디까지 뻗어갈지 우리는 알 수 없다.

다섯째는 승부욕이다.

이 성향은 때로는 주변을 불편하게 만들 수도 있다. 그러나 선의의 승부욕은 강력한 추진력이 된다.

남이 계약을 성사시켰다고 주저앉는 대신 '그렇다면 나는 더 악착같이 하겠다'라는 에너지로 바꾸는 사람들, 질투와 욕심을 추진력으로 전환하는 사람들이 결국 오래 버티고 계약을 많이 따낸다.

주변의 호실적에 침울해하는 유형과 그 호실적을 자극제로 삼는 유형. 필자가 만난 영업의 고수들은 대체로 후자였다.

정리하자면, 간절함은 시동이고, 집중력은 추진력이며, 자신감은 전달력이다. 고객 관리는 재방문을 부르는 신뢰의 회로이고, 승부욕은 장기전을 뚫는 연료다. 화려한 기술보다 이 5가지의 일관된 실행이 더 멀리, 더 높이 데려다준다.

PART 3

시작은 결심이 아니라
설계다

지역 선택 전략,
사람이 흐르는 곳에 돈이 흐른다

부동산 중개업을 시작하는 데 지역 선택은 무엇보다도 중요한 문제다. 하루에 적어도 80만이라는 인구가 서울 외곽지역에 살면서, 지옥철을 견디며 대체 왜 강남으로, 강남으로 출근 러시를 하는 것일까? 결국 사람이 몰리고, 사람이 모이는 곳에 곧 기회가 존재하기 때문이다. 우리가 흔히 말하는 '먹을 것이 있는 곳'으로 가야 기회를 잡을 수 있지 않겠는가? 우리는 지역을 선택하면서, 다음 3개 상권을 빼고는 이야기할 수 없을 것이다. 부동산 시장에서는 크게 3개의 권역을 대표 상권으로 부른다.

- 종로 일대를 중심으로 한 CBD(Central Business District)
- 강남을 축으로 한 GBD(Gangnam Business District)
- 여의도를 중심으로 한 YBD(Yeouido Business District)

이 3개의 권역은 우리나라 경제활동의 중심축을 이루며, 직장이 있는 곳에 자연스럽게 사람이 모이고, 따라서 주거·상업·업무용 수요가 집중되는 핵심상권이라 할 수 있다.

부동산 중개는 입지를 빼면 시체다. 반드시 3개의 권역이거나, 이곳의 접근성이 우수한 곳에서 일을 시작해라. 그것이 성공으로 가는 첫 번째 열쇠가 될 것이다. 다시 강조하겠다. 부동산 중개는 첫째도 입지, 둘째도 입지, 셋째도 입지다.

첫 번째 선택 : 강남, 그러나 쓰라린 실패

2012년, 필자가 처음 부푼 꿈을 안고 중개업의 시작으로 선택했던 지역은 강남(GBD)이었다. '우리나라 최고의 상권인 강남이라면 나 하나 정도 먹고살 수 있을 만큼은 벌겠지'라는 생각이었다. 기대를 한껏 품고 들어간 첫 회사에서 느꼈던 현실은 기대와는 완전히 정반대였다. 큰 창업컨설팅 법인이었는데, 잡코리아에서 본 채용공고는 그야말로 꿈의 직장이었다. 한 달 수백만 원에서 수천만 원의 수입은 기본이고, 기본적인 교육과 복지까지 너무나도 완벽한 직장 같았다(채용공고가 화려하다는 것은 그만큼 사람이 필요하다는 것이다. 잘나가는 회사는 사람들이 알아서들 모인다. 필자가 봤던 천상의(?) 채용공고 또한 그 회사를 알리는 브랜딩의 성공 케이스라 볼 수 있겠다).

하지만 세상에 공짜는 없다는 것을 간과한 사회 초년생의 실패한 선택이었다. 하는 업무는 보통 1층 대형상가에 일점해 있는 프랜차이즈 점포의 권리금을 포함해서 상가를 양도양수하는 그런 일을 하는 곳이었다. 한참 프랜차이즈가 붐이던 시절이어서, 권리든도 어마어마했다. 강남의 대형 커피숍 체인, 아이스크림 체인, 제과점 체인 등이 수억 원의 권리금을 받던 시절에 필자는 그곳에서 2년 남짓 동안 3개 정도의 계약을 했던 것 같다. 2년 내내 말이다. 실장이 받는 돈이 전체 매출에 10%였으니까, 필자가 번 돈의 총액은 말 안 해도 대충 감이 올 것이다. 그야말로 최악이었다. 사실 창업컨설팅이 정통 부동산 중개업이라고 할 순 없지만, 상가를 다루는 공인중개사들에게는 비슷한 업무가 많은 것도 사실이다. 필자는 이 회사에 다니면서 중개업에 대한 약간의 두려움을 가졌던 것 같다.

처음에는 누구나 마찬가지겠지만, 회사를 그만두고 정한 부동산 중개 첫 직장이었으니 얼마나 열심히 했을지 감이 올 것이다. 임장도, 전화도, 광고도, 그러나 그러한 노력에도 불구하고 실질적 계약이 없다 보니 자꾸 도피하고 싶었다. 자신감이 떨어지면서, 일하지 않으면 그 누가 월급을 주는 직업도 아닌 부동산 중개업을 하고 있으면서도, 동료들과 함께 아지트에 모여 온종일 게임만 하다가 집에 가는 날이 점점 늘어났다. 현실 도피다. 어느 순간, 마치 회사원인 것처럼 무의미한 출퇴근을 하고 있었다. 돈은 떨어져 갔고, 전 직장 퇴직금으로 생활비를 모조리 다 쓰게 되었고, 점점 의욕을 잃어갔다(멘탈이 무너지면 걷잡을 수 없다. 당신만의 멘탈 관리법이 꼭 필요한 이유다).

'내가 부동산 중개 일과 맞는 걸까?'라는 생각이 들기 시작했다. 이 시절이 필자가 부동산 중개에 몸담은 시절 중 가장 힘들었던 시기였던 것 같다. 지금 생각해보면 필자는 수업료를 내고 중개업의 시작을 정말 '하드코어'로 배웠던 것이 아닌가 생각이 든다. 무작정 1층 운영하는 상가에 들어가서는 '임대계획'을 묻는 것이 일과였고, 회사 DB를 통해 점포를 내놓은 사장들한테 전화해서 권리금을 깎아달라고 수십, 수백 통의 전화를 하는 것이 일상이었기 때문이다. 만약에 첫 직장이 동네 한구석 작은 중개사무실이었다면 경험해보지 못할 수준의 강도 높은 업무를 소화해냈다.

그렇다고 해서 작은 중개사무실이 배울 것이 없다는 것은 아니다. 필자가 다녔던 컨설팅 회사와 1층의 중개사무실은 전혀 다른 곳이다. 부동산의 한 분야지만 정통 중개업과는 거리가 먼 그런 직업이었다. 직원의 80~90%가 무자격자였으니 말이다. 루틴은 비슷했다. 전화하고 임장하고 광고하고 미팅을 했다. 그 루틴으로 필자는 다소 버거운 고객들을 상대하기도 했다. 오히려 고객들에게 조언과 격려를 받아가며 했던 업무들이 많은 공부가 되었다는 것을, 다른 중개사무실에 취직했을 때 깨달았다.

어찌 되었건 회사 퇴직금을 몽땅 다 쓰고도 결국 버티지 못했다. 경쟁자는 많고 고객 관리는 형편없었다. 고객을 만나면 너무 긴장해서 말을 버벅거리기도 하고, 뭘 물어야 할지도 몰랐다. "알아야 물어보지…." 그런 필자를 보고 고객이 이런 말씀을 하신 적도 있다. "이 일 하신 지 얼마 안 되셨지요?" 창피했다. 명함에는 버젓이 직함 '과장'이라는 타이틀을 달고 어떤 질문을 해야 하는지조차 몰랐던 나 자신이 너무 한심하게 느껴졌다.

결과는 참담했다. 당연했다. 초보였으니까, 처음이었으니까. 그때는 이런 공인중개사들을 위한 책들도 별로 없었고, 유튜브도 교육도 많이 성행하던 시기가 아니라 어디에다가 물어볼 곳도 없이 맨땅에 헤딩하듯 일해야 했기 때문에, 초보가 너무나도 어려운 종목을 택한 나머지 녹다운하고 말았다. 부동산 중개업을 너무 쉽게 봤던 필자는 된통 당하고, 불과 2년여

만에 백수가 되었고, 6개월간 깊은 고민의 시간을 보내야 했다(백수생활의 시작이다). 백수로 지내던 시간은 부모님께조차 말하지 못했다. 멀쩡히 다니던 대기업을 박차고 나온 뒤, 새로 들어간 곳에서 결국 '실패했다'라는 사실을 인정하기가 두려웠다. 그래서 필자는 약 6개월 동안, 존재하지도 않는 직장으로 매일같이 출근하는 척했다. 현실은 서점 출근이었다. 6개월 동안 신논현역 교보문고에서 본 책들을 한 줄로 쌓아보면 어마어마할 것이다. 나중에는 3시간 정도면 한 권을 읽는 데 충분한 집중력을 보였다. 책을 읽으면서 필자도 삶의 방향성을 찾았던 것 같다.

독자 여러분들도 회사를 그만두고 쉬는 시간이 오면 온전히 그 시간을 즐기길 바란다. 놀고, 먹고, 마시고 노는 데 사용하라는 의미가 아니라, 나 자신을 돌아보고, 내 인생을 재설계하는 데 시간을 써봐라. 특히 그것이 독서와 함께라면 더욱 좋은 시간이 될 것이다.

필자는 첫 직장으로 선택했던 창업컨설팅 법인에 취업하는 것을 추천하고 싶지 않다. 들어가면 바로 수백, 수천만 원을 벌 것처럼 젊은 사람들을 유혹하는 채용공고는 1년 내내 올라와 있다. 무엇보다 이른바 '업 브리핑'(매도가 부른 권리가액보다 올려서 매수에게 권리가액을 브리핑하는 것)을 수천, 수억 원씩 더해서 권리금 계약을 하고, 차액을 수령하는 업무의 구조적인 방법이 필자 적성에 맞지 않았다. 정직하지 못하게 느껴졌다. 돈도 못 벌고 그렇다고 업무 만족도 최악이었던 회사를 미련 없이 그만두었다.

평판을 쌓는 데는 20년이 걸리지만, 그것을 무너뜨리는 데는 5분이면 족하다(워런 버핏, Warren Buffett). 정직하게 중개하고 정직하게 돈을 벌고 싶었다.

백수 시절을 보내면서 그때 깨달았다. 강남은 단순히 기회의 땅이 아니라, 산전수전 다 겪은 고수 공인중개사, 고수 사짜, 사기꾼, 업자 등등이 다양하게 즐비한 치열한 정글이었다는 것을…. 초보 공인중개사가 무작정 뛰어들면 언제든 잡아 먹힐 수 있는 '사파리' 같은 곳이었다는 것을….

세상에는 정말 잘난 사람들이 많다. 하지만 후회하지 않는다. 오히려 감사하고 귀한 경험으로 생각한다. 정직하게 돈 벌고, 정직하게 일하는 그런 큰 중개법인을 세우고 싶다는 꿈을 얻었다. 반대로 만약 필자가 이런 경험을 해보지 않았더라면 동네에 작은 중개사무실에 취직해서, 동네 사랑방 같은 중개사무실을 운영하고 있었을지도 모를 일이라 생각한다. 이른바 큰물(?)에서 중개를 경험하고 나니, 부동산 중개업에 종사하기 위해 준비가 더 필요했음을 느끼게 되었다. 바로 자격증 취득이었다.

두 번째 도전 : 잠실, 그리고 새로운 배움, 첫 목표 달성

잠시 회사에 들어갔다. 배운 게 도둑질이라고 해외 영업 회사에 들어갔다. 필자는 이 회사에 다니면서 공인중개사 자격증을 취득했다. 1년 동차로 합격. 자격증을 취득하고 다시 부동산 중개로 뛰어들었다. 필자가 다시 발을 디딘 곳은 잠실이었다. 생각해보면 뭣도 모르던 그 시절 그래도 강남권역(GBD), 종로권역(CBD), 여의도권역(YBD)을 잘도 골라 직장을 선택한 것 같다.

필자가 처음으로 월 500만 원이라는 수익을 달성한 곳이기도 하다. 살짝 어안이 벙벙하기도 했다. 두 번의 선택만에 목표를 이루는 월 500만 원…. 그 사무실을 그만둘 때까지 평균 월 500만 원 이상을 벌었던 것 같다. 통장에 천만 원이 넘는 돈이 찍히다 보니, 감이 사라지는 것 같았다. 목표가 너무 순식간에 소멸하는 것 같은 느낌을 받았다. 너무나 별 것 아니게 느껴졌다(계속해봐라, 통장에 아무 소식이 없는 달도 많다. 자만은 금물). 필자의 목표는 이렇게 점점 더 성장해갔던 것 같다. 잠실에 자리 잡았을 때는 2018년, 부동산 시장의 열기가 본격적으로 폭발하기 직전이었다.

상가·사무실 중개를 다루는 1층 중개사무실에 입사했는데, 이곳을 선택한 이유는 '가장 많은 광고를 하는 곳'이었기 때문이었다. 광고에 그만큼의 비용을 투자한다는 것은 상당히 공격적인 마케팅을 한다는 의미로 생각되었기 때문에, 애초에 부동산 중개사무실 선택의 기준을 필자는 '가장 많이 광고하는 곳'으로 정했다.

입사 첫날부터 쉬운 여정은 아니었다. 그곳 사장님은 어떠한 지시도 하지 않았다. 직장의 지시에 익숙해진 회사원으로서는 좀 이상하고도 어색한 일이었다. 중개업은 원래 이런 건가? 확실히 대형 컨설팅 법인은 규칙적인 교육과 발표를 통해 직원을 성장시키는 프로그램이 체계적으로 있었던 것 같은데…. 물론 사람을 기계적으로 부려먹고, 돈은 회사가 다 버는 구조라 관두긴 했지만…. 그에 반해, 확실히 1인 공인중개사 사무실은 그런 체계가 없는 것이 또 반대로 아쉬운 점으로 보였다(나중 이야기지만 그래서 필자는 동네 중개사무실도 체계적인 교육시스템을 갖춘 곳으로 만들고 싶었다).

어떻게 시작해야 하는지조차 알려주지 않았다. 그래서 취업 이틀째 무작정 사무실을 나왔다. 어디를 답사할 지를 지도로 확인한 후에, 그 지역을 훑기 시작했다. 임장하는 방법은 그 전 직장에서 충분히 배웠기 때문에 어렵지는 않았다. 그래서 의미 없는 경험, 불필요한 경험은 없다고 생각하는 것이 여기에 있다. 전 직장에서 돈은 벌지 못했지만, 임장 스킬, TM에 대한 두려움 극복 등에 대한 기본적인 스킬을 장착할 수 있었던 것은 사실이다. 아무튼 잠실에서의 부동산 중개사무실 생활은 그 흔한 건물 임장의 방법조차 배우지 못했던 시간이었다(독자 여러분들은 이런 곳을 빨리 나와야 한다. 특히 경험이 전혀 없는 상황에서 아무것도 가르쳐주지 않는 중개사무실에 들어갔다면 하루라도 빨리 그만두기를 추천한다). 이대로만 있을 수는 없었다. 돈을 벌러 들어왔지 않은가? 또 무엇보다 민망했다. 물론 한 만큼 벌어가는 직업이기는 했으나, 사모님(사장님의 아내다)이 경리 일을 맡아서 하셨는데, 눈치를 주신 건 아니지만 사장님 내외가 모두 다 사무실에 있을 때는 정말이지 부담이 극도에 달했다.

뭣도 모르는 초보 공인중개사가 그래도 배운 것이 도둑질이었던가. 강남 대형 컨설팅 법인에서 경험했던 임장 방법으로 잠실의 건물 하나하나를 직접 발로 뛰며 임장했고, 물건을 따내고 소장님들과의 친분을 쌓으면서 점차 잠실의 모든 건물을 섭렵해나갔다. 게다가 사장님은 필자의 생각대로 광고 마케팅에 정말 가히 폭발적일 만큼 많은 돈을 쓰셨다. 아마 그 당시 광고 비용으로는 잠실에서 탑이지 않았을까 한다. 오죽하면 광고를 더 하지 못해서 아쉬워하던 사장님의 얼굴이 아직도 선할 만큼…. 그런 폭발적인 광고 지원과 필자의 한 걸음 한 걸음으로 이루어낸 임장의 결과물로 한 달쯤 지났을 무렵 첫 계약이 성사되었고, 그 이후로는 눈코 뜰 새 없이 계약이 이어졌다.

서두에 많이 배우지 못했다고 이야기했지간, 사장님께 참 감사드린다. 아직도 가끔 연락 드리며 찾아뵙곤 한다. 그때는 답답해 죽겠다고 생각했던 사장님의 행동들이 내가 지금 운영을 해보고 나니, 왜 그러셨는지 이해가 되었기 때문이다.

'역지사지(易地思之)'는 공인중개사에게 정말 중요한 사자성어다. 자리를 바꿔 생각하라. 직원과 사장, 고객과 공인중개사로서 이 네 글자는 협상의 윤활유이자, 신뢰를 가장 빨리 쌓는 지름길이다.

공인중개사는 협상가(Negotiator)이지 전달자(Messenger)가 아니다. 한쪽의 의견을 그대로 전달하고, 그대로 다른 한쪽에게 전달한다면 그건 단순한 메신저일 뿐이다. 우리는 매수자와 매도인, 임대인과 임차인의 양쪽에 모두 만족스러운 결과를 주어야 하는 협상가다. 그 협상가의 자질을 필자는 이곳에서 배웠다. 아니 그때는 몰랐지만, 지금은 그때의 사장님의 액션을 이해하게 되었다. 운영자가 되고 보니 한 가지는 분명했다.

우리는 본질적으로 프리랜서형 조직이고, 누군가에게 업무를 강제로 시킬 수는 없다. 그렇더라도 회사가 합의한 최소한의 코어 타임(정해진 출근·대기 시간), 체계적인 세일즈 코칭(Sales Coaching), 그리고 진행 상황을 점검하는 세일즈매니지먼트(Sales Management)는 반드시 필요하다. 다만 이 모든 장치는 구성원이 배우겠다는 의지를 갖고 스스로 받아들이는 것을 전제로 한다.

자율만 있고 규율이 없다면 곧 방임이 된다. 완전한 자유는 일의 품질과 속도를 담보하지 못한다. 우리는 방임하려고 직원을 고용하지도, 방임되려고 이 길을 선택하지도 않았다. 따라서 일정 수준의 규칙과 피드백,

성과 점검은 필수 조건으로 받아들여야 한다. 경력이 쌓인 시니어에게는 자율의 범위를 넓힐 수 있지만, 초보 공인중개사에게만큼은 '방임'이 아니라 '코칭'이 정답이다. 자율과 관리의 균형, 그 지점을 세우는 일이 사장의 역할이며, 그 균형을 자발적으로 따르는 태도가 프로의 출발점이다.

결국 필자도 알게 모르게 많은 사람의 코칭과 관리라는 도움을 받아 살아남는 법을 터득했다. 경력이 쌓이면서 점차 성장했고, 강남과 잠실이라는 상업·주거 복합 상권에서의 경험은 큰 자산이 되었다.

세 번째 무대 : 여의도, 새로운 가능성, 최종 종착지가 될 그곳

2019년 말, 다음으로 선택한 지역은 여의도(YBD)였다. 강남과 유사하게 여의도는 업무용 오피스와 주택(빌라, 다세대주택) 중개에 특화된 상권이다. 여의도 상권으로 처음 넘어왔을 때는 주택(빌라)시장이 활황이었다. 문재인 정권 때였는데, 저금리 기조에 대출까지 청년들을 대상으로 가히 폭발적 지원이 있었을 시기라서, '주택 전성시대'라고 이야기해도 부족하지 않을 시점이었다. 계속해서 업무용과 상업용 부동산만 하다 보니, 주거용 부동산에 대한 갈증이 생겨 처음으로 여의도 상권으로 와서 주택 중개를 시작했다.

필자는 대세 상승장에 주택 중개를 경험했다. 그래서 돈도 많이 벌었다. 정말 한 블록 건너 한 블록 빌라와 다중주택, 다세대주택을 짓던 시절이었고, 생기는 족족 임대가 되던 시장이었으니 정말로 눈코 뜰 새 없이 바빴다고 할 수 있다. 하루에 미팅을 많게는 7~8건씩 하며, 계약하겠다는 고객을 우선 집으로 돌려보내고, 다음에 등기부등본과 권리분석을 하고 가계약을 진행할 정도로 정말 바쁜 시절을 보냈다.

    일이 잘되다 보니 영등포에서 개업하기로 했다. 이 정도면 운영을 해볼 만한 경험도 적당히 쌓았다고 생각했다. 처음 대림역 인근에서 작게 시작해서 나중에는 여의도 상권과도 가깝고 영등포의 메인 상권인 당산역으로 자리를 옮겼다.

    당산역은 여의도와의 접근성도 우수하고, 영등포에서 가장 선호하는 지역이기도 하기 때문에 가장 중심지역으로 옮겨 개업을 생각했다. 당산은 2호선과 9호선의 더블 역세권임과 동시에 강남으로의 접근성이 우수한 곳이다. 이것이 필자가 당산역(여의도 상권)을 택한 이유다. 당산역은 여의도로의 접근성이 좋기 때문에 여의도의 높은 임대료를 감당하지 못하고 나오는 기업들의 수요로 가득 찬다. 그러한 이유로 해서, 업무용과 상업용을 동시에 잡을 수 있는 시장이라고 판단했다. 개업하고 초기에는 주거용과 함께 운영하다가, 본격적으로 업무용과 상업용으로 완전 전환을 하고 중개업을 하기 시작했다.

    시장의 흐름이 바뀌고 있었기 때문이다. 공인중개사는 시장의 흐름을 읽어야 한다. 업무용 부동산을 다루고 있다고 해서, 언제까지 업무용 부동산만을 다루는 것이 아니라, 부동산 경기에 따라서 카멜레온처럼 전공 분야를 바꿔서 중심이 되는 분야를 내세워 중개를 펼쳐야 적자를 면할 수 있다. 필자가 만약 아직도 주택(빌라, 다세대주택) 중개를 하고 있었다면, 전세사기에 연루되어 중개업을 폐업했을지도 모르는 일이다.

어떠한 이유에서든 간에 3대 상권을 절대 벗어나서는 안 된다. 바로 그 상권으로 들어갈 수 없다면, 적어도 3대 상권으로의 접근성이 좋은 곳을 택하는 것이 좋다. 영등포에서 왜 강남까지 가느냐고? 그런 수요가 얼마나 된다고? '아니다.' 경기도와 서울 외곽지역에서 강남으로 출퇴근하는 수요는 대단히 많다. 신도림 2호선 전철역에서 신발이 벗겨지고, 이어폰이 뜯기고, 투탕카멘의 모습을 경험해본 경험자들이라면 필자의 말을 이해할 수 있을 것이다.

여의도/당산은 2호선, 5호선, 9호선이라는 트리플 역세권을 갖추고 있어 강남 접근성이 탁월했다. '강남에 직장이 있으면 반드시 강남에 거주한다'라는 고정관념을 깨고 나니, 오히려 여의도 상권이 가진 매력과 기회가 선명하게 보였다. 결국 영등포에서 완전히 자리를 잡기를 선택했다. 현재는 사무실 확장 이전을 준비하고 있다. 아마 이 책이 출간될 즈음이면, 이미 두 배 규모로 넓힌 사무실에서 투데이부동산중개법인㈜ 영등포점이 운영되고 있을 것이다.

크게 시작할 필요는 없다. 시작해야 크게 될 수 있다(지그 지글러, Zig Ziglar).

네 번째 무대 :
아파트 새로운 도전, 놓칠 수 없는 큰 시장, 현재 진행형

영등포 사무실 확장을 준비하면서 무슨 새로운 시도냐고 묻겠지만, 현재 필자의 중개법인은 영등포·서초·강동, 세 지점을 운영 중이다. 서초와 강동은 아파트 매매·임대를 중심축으로, 영등포는 업무용·상업용 중개를 주력으로 가져간다. 그 흐름 위에서 영등포의 확장을 결심한 동시에, 강동에서는 아파트라는 또 하나의 전장을 선택했다. 부동산 자산의 80%를 차지하는 주택(특히, 아파트)을 알지 못하고는 고객과 대화가 되지 않는다. 그 80%의 거대한 시장을 포기하는 것 또한 바보 같은 짓이라고 생각한다. 그러한 이유로 반포 최대의 대장단지가 될 반포디에이치클래스트(2027년 11월 입주 예정) 앞에 필자 중개사무실 서초 본점이 있다. 시기가 오면 그 시장도 함께할 것이다. 해당 아파트 상가에 입점해서 아파트 시장에 전념할 수 있는 지점을 만들어내는 것이 또 하나의 목표다.

어찌 되었건, 처음부터 강동에 기점을 두려 한 것은 아니었다. 그러나 누구나 아는 초대형 단지, 둔촌주공(올림픽파크포레온)의 입주장이 눈앞에 펼쳐졌을 때, 1만 2,000세대라는 거대한 수요를 외면하는 것이 오히려 비합리적으로 보였다. '이 규모의 시장에서 승부하지 못하면 어디서 할 수 있을까.' 그렇게 자신을 스스로 설득하며, 월세 500만 원이라는 만만치 않은 고정비를 감수하고 단지 내 최적 입지에 과감히 자리 잡았다.

처음 경험한 아파트 중개의 현실은 예상보다 훨씬 냉정했다. 실입주 비율이 압도적으로 높아 임대·매매로 이어지는 중개 수요가 빠르게 소진되었고, 입주장의 열기는 생각보다 짧게 끝났다. 큰돈을 벌 기회는 제한적이었으며, 곧바로 '기다림의 시간'이 시작되었다. 그제야 비로소 깨달았다. 아파트 시장은 우리가 생각하는 것 이상으로 넓고도 예민하며, 정책·금리·대출 규제·공급과 수요의 미세한 진폭에 즉각적으로 반응한다는 사실을.

무엇보다 아파트 중개는 단순한 '쉬운 품목'이 아니었다. 매수인과 매도인, 임대인과 임차인 사이에서, 그리고 단지 내 중개사무실들 사이에서 보이지 않는 신경전이 항상 흐른다. 거래액이 크고 생활의 근거(주거)를 건 선택이기 때문에 이해관계의 밀도는 상가나 업무용 못지않게, 때로는 그 이상으로 높다. 필자 자신도 '나이가 좀 더 들어서 해도 되는, 비교적 단순한 시장'이라 여겼던 선입견을 스스로 걷어내야 했다. 아파트는 별도의 종목이며, 그에 맞는 지식과 감수성이 필요하다.

입주장을 검토하는 이들에게는 몇 가지 현실 점검을 권한다. 현재 시장은 실수요 중심으로 무게추가 기울어져 있고, 신축 미등기 아파트의 소유권 이전 조건부 전세자금 대출이 사실상 불가능한 상황이다. 이는 전세 수요의 즉시 전환을 가로막아 단기 중개 호흡을 끊을 수 있다. 고정비 구조와 현금흐름, 예상 체류기간을 보수적으로 가정한 뒤, 버틸 체력과 포지셔닝 전략을 함께 설계해야 한다.

결론적으로, 이번 강동 입주장은 시장에 대한 오판이 아니라, 시장에 대한 학습이었다. 입주장은 끝이 났지만, 단지는 남는다. 대단지는 입주 후에도 전·월세 전환, 갈아타기라는 2차·3차 수요를 꾸준히 만든다. 필자는 영등포의 업무·상업용과 강동·서초의 주거 포트폴리오를 상호 보완적으로 연결하며, 입주장에서 얻은 데이터와 현장 감각을 지점 운영 전반에 반영할 것이다.

아파트는 결코 곁가지가 아니다. 정책과 금리의 바람을 정면으로 받는,

가장 크고 가장 민감한 본류다. 그 본류에 들어선 이상, 우리는 더 단단한 공부와 더 섬세한 운영으로 응답해야 한다. 이번 도전이 남긴 교훈은 명확하다. 시장에 대한 겸손과 체계에 대한 집요함, 그 2가지가 아파트 중개의 성패를 가른다.

입지 선택 4가지 법칙

입지 선택에는 4가지 법칙이 있다.

첫째, 3대 핵심상권(CBD·GBD·YBD) 중 인접 지역에 자리를 잡아라. 중심 상권과의 연계성이 곧 기회가 된다. '직주(職住)'가 근접한 곳에 본거지를 잡아라. 두 마리의 토끼 중 한 마리만 제대로 잡으면 성공한다. 모든 길은 로마로 통한다. 모든 길은 3대 핵심상권으로 통한다.

둘째, 주거와 업무 수요가 공존하는 지역은 끊임없는 수요를 유도한다. 한쪽으로 치우쳐진 시장에서 자신이 업종 선택을 잘못했다면 돌이킬 수 없는 실패로 남을 것이다. 시장의 다양성은 매우 중요하다. 특히 자신이 창업했다고 가정했을 때 주거와 업무 수요가 공존하는 지역에서는 다양한 선택권이 존재한다는 것을 명심해라. 계란을 한 바구니에 담지 말아라. 분산 투자하라.

셋째, 젊은 층이 선호하는 지역을 선택해라. 사회의 생산력을 이끌어가는 세대는 20~50대. 젊은 층이 많은 지역에 가야 상권이 활발하게 움직인다. 고인 물은 썩게 마련이고, 안정된 삶은 변화를 거부한다. 도전하고 새로운 것을 즐기는 젊은 층은 다양하고 무궁무진한 수요를 주도한다는 것을 명심해라.

넷째, 강남의 접근성은 절대 불변의 진리다. 물리적으로 거리가 멀더라도 교통 인프라가 강남에 접근하기 쉬워야만 한다. 그래야 수요가 존재한다. 우리나라의 상권의 메카는 단연 강남이다. 강남에는 정말 어마어마한 직장이 몰려 있지 않은가? 강남에서 근무하는 종사 인원은 90만 명에 이른다. 당연히 압도적 수치다. 이래도 강남을 거부할 수 있을 것인가? '왜? 강남의 접근성이 좋아야 하는데?' 이유가 되었을 것으로 본다.

필자는 강남에서의 쓰라린 실패와 잠실에서의 고군분투, 여의도에서의 새로운 도전과 서초와 강동 시장을 통해 다양한 분야의 부동산을 접하고 공부하고 있다. 그 내면은 지역의 선택이 얼마나 중요한지를 누구보다 절실히 알고 있다는 것이다. 독자 여러분들도 작은 상권에 갇히지 말고 큰 시장을 바라보라. 그곳에 진정한 기회와 배움이 있다.

앞의 4가지를 반드시 고려해서 당신이 일할 지역을 잘 선택하기를 기원한다. 사람들이 모이는 곳에 가야 돈을 벌 기회가 생긴다. 남들과 다른 것을 택해서 성공하는 것도 방법일 수 있지만, 초보 공인중개사들에게는 너무나 큰 리스크로 작용할 수 있다. 너무 어렵게 돌아가려 하지 말고, 우선은 남들이 가는 길을 택해보자. 그 선택이 쉬울 수도, 어려울 수도 있다. 그 선택이 틀리지는 않을 것이다. 앞서 소개한 4가지를 잊지 말고 반드시 고려해서 취직하거나 창업하도록 하자. 부동산 시장의 오래된 4가지 성공 법칙은 입지, 입지, 입지, 입지다.

업종 선택의 출발점은 '경력'보다 '성향'이다

초보 개업 공인중개사들이 흔히 저지르는 실수는 2가지다.

첫째는 한 번에 모든 분야를 다 할 수 있다고 믿는 과욕이다.

어떤 중개사무실에 가보면, '주택 전문, 아파트 전문, 상가 전문, 토지 전문, 재건축재개발 전문'이라고 쓰여 있다. 도대체 뭐가 정확하게 전문이란 말인가? 다양한 분야를 경험해보고 몸에 체득하는 것은 좋은 일이지만, 창업에 있어서만큼은 모든 분야를 한 번에 다 할 수는 없다. 당신이 만약 수십 명의 직원을 둔 중개법인이라면 가능할 수도 있겠지만, 초보 1인 창업자에게 '모든 분야의 전문'이란 있을 수 없다. 자신만의 전문 분야를 만들어라.

둘째는 부동산 중개업은 반드시 주택부터 시작해 사무실, 상가, 빌딩, 토지로 단계적으로 올라가야 한다는 고정관념이다.

이러한 믿음의 밑바닥에는 "나는 초보니까 쉬운 것부터 해야 한다"는 강박감이 숨어 있다. 하지만 현장은 그렇게 단순하지 않다. 업종마다 고객층도 다르고 수익 구조도 다르며, 거래 주기와 리스크의 성격까지 다르다. 반드시 주택이 쉽지만은 않을 수도 있다는 것은 업종의 선택은 '경력'보다는 '성향'이기 때문이다.

필자의 첫 시작은 흔히 말하는 쉬운 길과는 거리가 멀었다. 필자가 부동산 중개업으로 처음 선택했던 분야는 권리금이 얽힌 대형 상가 양도양수 컨설팅업이었다. 자격증 없이도 명함에 그냥 '컨설턴트'라는 이름하나 붙이면, 누구나가 전문가가 될 수 있는 그런 직업. 제도적으로 좀 개선이 필요한 부분이라고 생각한다. 권리금은 중개 대상물이 아니기 때문에 공인중개사가 아닌 사람도 중개를 할 수 있다. 그래서 무자격자 경험 없는 초보자들이 덜컥 입사해서 잘못된 중개를 배우는 경우도 많이 봤다.

지금 돌아보면 무모한 선택이었지만, 쓸모없는 경험이었다고 말하기에는 배운 점도 많았다. 온종일 전화를 붙들고 권리금 조정을 설득했고, 매일같이 임장에 나가 영업 중인 가게에 무작정 들어가 명함을 내밀며 양도 의향을 물었다. 대부분은 문전박대였고 때로는 욕설이 돌아오기도 했지만, 가끔은 자신의 속사정을 털어놓는 사장님과 깊은 대화를 나누며 위로를 얻는 순간도 있었다. 거절을 두려워하지 않고 감정을 분리하는 훈련은 이때 이미 몸에 배어 있었다. 그래서 나중에 주택이나 사무실 중개를 하게 되었을 때도 낯선 고객에게 주저 없이 다가가 브리핑하고 계약을 해낼 수 있었던 원동력이 되었다.

업종 선택은 경력이 아니라 성향과 강점의 문제다. 부동산 중개업에 배워야 할 순서는 없다. 무엇을 하든 당신이 잘할 수 있는 것을 선택해야 잘 버틸 수 있다. 그 어떤 분야도 너무 쉽거나 너무 어려운 분야는 없다. 자신에게 맞는 업종이 있을 뿐이다. 다양한 경험을 해보자. 당신이 개업 공인중개사가 아니라 직원으로 시작하는 과정이라면 최대한 다양한 업종을 접해보고, 자신과 맞는 분야를 택하기를 바란다.

흔히 좋아하는 것과 잘하는 것은 차이가 있다고들 한다. 중개업에서도 업종을 선택함에 있어서, 자신이 좋아하는 것보다는, 잘할 수 있는 것을 택하길 바란다. 남들이 하니까 나도 한다는 개념은 버렸으면 한다. 자신이 잘할 수 있는 분야를 선택해야 한다. 그래야 오래 버틸 수 있고, 그 안에서 배움이 생긴다.

주거용 vs 업무용 vs 상업용
장단점과 생활패턴

주거용 중개는 초보자들이 가장 쉽게 접하는 분야다. 왜 그런지 가장 쉬운 분야라고 생각하는 경향이 있다(맞다. 어렵다기보다는, 힘들다). 우선 금액이 다른 부동산 업종에 비해 작고(아파트 제외), 고객 수요층이 젊다 보니, 고객을 대하는 데도 부담이 없다고 생각하는 것 같다. 젊은 공인중개사들의 체력과 열정을 잘 활용할 만한 장점으로, 수요가 많고 거래 회전율도 빠르며, 비교적 안정적인 수익을 기대할 수 있다는 점에서 처음으로 접하는 경향이 높다. 첫 만남에서 계약으로 이어지는 경우가 많아 고객을 장기간 관리할 필요가 적고, 기본 수입이 보장되는 느낌을 준다.

그러나 저녁이나 주말에 상담이 몰려 워라밸을 기대하기 어렵고, 건당 수익이 크지 않아 큰돈을 벌려면 계약 건수를 늘려야 하므로 상당한 체력이 뒷받침되어야 한다. 공과금 정산, 잔금 처리, 현장 확인 등 챙겨야 할 일이 많아 한 달에 수십 건이 몰리면 지칠 수 있다. 그런데도 안정적인 수입을 원하거나 사람을 자주 만나고 싶은 이들에게는 적합하다. 그렇지만 대단히 큰돈을 버는 것에는 한계가 있다. 그리고 삶의 균형을 중시하는 사람에게는 쉽지 않은 분야다. 주거용을 하는 공인중개사에게는 주말과 저녁의 삶이 없다고 봐도 무방하기 때문이다. 주거용은 안정성은 높지만, 체력과 시간을 희생해야 한다.

업무용은 주거용보다 초보자에게 심적으로 다소 진입장벽이 있는 분야다. 특히 여성 공인중개사 비율이 낮다. 그러나 필자의 루틴과 가장 잘 맞았던 분야가 바로 업무용 중개였다.

업무용 중개의 장점은 시간 활용이 자유롭다는 것이다. 직장인처럼 주말과 공휴일을 쉴 수 있고, 출퇴근 시간도 상대적으로 규칙적이다. 대신 고객은 주로 회사 대표나 고위 임원이다. 따라서 복장과 태도는 곧 신뢰의 상징이 된다. 필자는 임장을 나갈 때조차 구두와 정장을 고집했다. 언제 어디서 고객을 만날지 모르기 때문이다. 이런 차별화된 태도 하나가 곧 경쟁력이 된다.

또한 보고서·제안서를 체계적으로 작성하는 능력은 업무용 중개에서 큰 무기다. 실제로 필자 역시 깔끔한 제안서 덕분에 고객의 선택을 받은 경험이 많다. 그래서 앞서 언급한 것처럼, 직장생활의 경험이 있는 사람의 경우 보고서·제안서 작성에 대한 경험과 경력이 있기 때문에 업무용 중개에 다소 유리한 측면이 있다. 조직생활을 해본 사람으로서 기본적인 코칭과 매니지먼트를 받아봤다는 점에서도 '통제된 자유'에 대한 적응력이 상당히 높은 편이다.

다만 계약 규모가 크기 때문에 수익의 기복이 심하다. 어떤 달에는 수천만 원을 벌기도 하지만, 어떤 달은 단 한 푼도 벌지 못하는 경우도 있다. 연 단위 평균으로 보면 안정적일 수 있으나, 매달 수입의 불규칙성은 감내해야 한다.

상업용 중개는 특히 권리금이 걸린 1층 상가 양도양수(필자는 무권리 상가는 사무실로 본다)는 필자가 경험한 분야 중 가장 어려운 영역이었다. 영업 중인 가게에 들어가 상가를 내놓을 의향이 있는지 물어보는 일부터 쉽지 않다. 거절과 비난이 일상이고, 권리금 기대치와 희망치의 간극을 좁히는 데에도 시간이 오래 걸린다. 콜드 세일즈를 해야 하는 가장 직접적인 분야이기 때문에, 거절의 파도를 가장 크게 겪는 분야 중의 하나다.

거절이라는 것은 스스로 멘탈을 부수고, 열정을 식게 만드는 마법과 같은 힘을 가지고 있기 때문에, 거기에 한번 빠지면 헤어나오기가 힘든 것도 사실이다. 멘탈의 붕괴가 가장 큰 분야라는 점이다. 그래서 가장 어려운 분야 중의 하나이기도 하다. 그러나 친화력과 인내심을 가지고 장기간 관계를 쌓다 보면 결국 성과로 이어진다. 자신이 고이고이 운영해온 가게에 권리금을 얼굴도 이름도 잘 모르는 공인중개사가 몇백만 원에서 몇천만 원을 갑자기 전화 한 통으로 깎으려 든다면, 그 어떤 사장이 바로 OK를 할 것인가.

상업용은 '관계와 인내'가 성패를 가른다. 이 분야의 가장 큰 매력은 수익 구조가 복합적이라는 점이다. 중개수수료 외에도 권리금과 시설에 관한 별도 컨설팅 보수를 받을 수 있기 때문이다. 다만 법적 다툼 소지가 많으므로 반드시 컨설팅용역계약서를 꼼꼼히 작성해 리스크를 관리해야 한다. 상업용 부동산의 개별적 친밀도 형성이 중요하기 때문에, 개인적인 만남의 시간이 잦고, 시간과 비용을 할애해야 하는 시간이 가장 높다. 다만, 한번 형성된 관계는 추가적인 계약으로 이어지는 경향이 높은 분야다.

아파트는 별개의
중개 영역으로 봐야 한다

앞서 말한 주거용 중개(다가구주택·다세대주택·빌라·단독·오피스텔 등)와 달리, 아파트는 생태계가 완전히 다르다. 흔히 '단지 내 중개사무실'이 단지 상가에 다닥다닥 붙어 성업 중인데, 말 그대로 얇은 가벽 하나를 사이에 두고 매일 칼끝을 겨누는 초접전 시장이다. 재고(매물)와 수요(입주민)가 단지 안에서 돌기 때문에, 중개사무실 간에 신뢰가 무너지는 일도 비일비재해서(이른바 뒤통수라고도 한다), 준비 없이 뛰어든 초보는 터줏대감들의 룰에 휘말려 이용당하기 쉽고, 멘탈이 소모되는 경험을 피하기 어렵다. 그래서 아파트는 '주거용의 한 갈래'가 아니라 별도의 종목으로 이해하고 준비해야 한다.

아파트 시장은 돈의 크기와 의사결정의 무게가 다르다. 거래 단위가 크고 이해관계자가 많기 때문에, 공인중개사에게 요구되는 것은 단순한 매물 소개가 아니라 정책·세제·금융·시장 사이클에 대한 총체적 해석 능력이다.

시장 전망을 설명하고, 투자자·실수요자·임대인·임차인과 같은 언어로 대화할 수 있어야 비로소 신뢰가 쌓인다. 우리나라 가계자산에서 주거용 부동산(특히, 아파트)이 차지하는 비중은 '압도적(약 80%)'이기에, 공부해야 할 것과 알아야 할 것이 그만큼 많다. 고객과 대화를 하면서 이런 설명을 해낼 수 없다면, 고객의 신뢰를 얻기 어렵다(고객이 상대를 안 해준다). 이제는 공인중개사보다 똑똑한 고객들이 넘쳐나는 시대다. 공부하지 않는 공인중개사는 살아남기 어려운 것이 특히나 아파트 시장이다.

개인적 권고를 덧붙이면, 20~30대라면 일반 주거용(빌라·오피스텔 등)에서 기본기를 다지고, 40대 이상이라면 아파트로 승부를 걸어도 좋다. 아파트 고객은 거래 규모만큼이나 연륜·커뮤니케이션의 깊이를 중시한다. 나이가 어리다는 이유만으로 배제된다는 뜻이 아니라, 부동산 정책·금융 구조·지역 시세 맥락을 담백하게 풀어낼 역량이 없다면 대화 초반부터 신뢰를 잃기 쉽다는 경고다.

결론은 분명하다. 아파트는 중개 스킬만으로 되는 시장이 아니다. 데이터로 현재를 읽고, 정책으로 리스크를 설명하며, 고객의 의사결정을 논리와 맥락으로 돕는 자만이 살아남는다. 이 영역을 별도의 종목으로 인정하고, 그에 걸맞은 공부와 설계를 시작하라. 그것이 아파트 시장에서 버티고, 결국 이기는 가장 현실적인 길이다.

결국 업종 선택은 '초보니까 주택부터'라는 도식적인 접근이 아니라, 자신의 성향, 시간, 멘탈, 역량이 어디에 맞는지를 스스로 묻는 과정이다.

필자는 무모하게 보였던 상가 양도·양수로 시작했지만, 그 경험 덕분에 감정 분리와 현장 내공이라는 무기를 얻고 정통 중개업을 시작하게 되었다. 그것이 주거용에서도, 업무용에서도, 상업용에서도 필자를 지탱해주는 원동력이 되었다.

따라서 업종을 선택할 때 스스로 질문해야 한다. 자신은 어떤 리듬으로 일할 때 오래 버틸 수 있는가? 시간 가는 줄 모르고 몰입하는 순간은 언제인가? 자신의 강점은 대면 설득인가, 문서와 기획인가, 아니면 관계 설계인가?

정답은 없다. 다만 자신에게 맞는 해답은 반드시 있다. 그리고 그 해답을 찾은 사람만이 오래 버티고 끝내 살아남는다. 결론적으로는 해봐야 아는 것이다.

두려움을 이겨내고 모든 분야에 도전하라. 고인 물은 썩게 마련이다. 초보 공인중개사일 때, 너무 한 분야에 오래 머물면 그 분야에 고립된다. 자신이 그 분야에 맞는지 맞지 않는지도 모른 채 그냥 시간은 흘러가고, 당신은 그 상황에 당신의 인생을 걸게 된다. 두려움을 이겨내고 반드시 도전하라.

PART 4

개업은 선택이 아니라 전략이다

창업이냐 소속이냐, 중요한 건 방향이 아니라 태도다

창업과 소속의 선택은 옳고 그름의 문제가 아니라, 자신의 상황과 준비 정도에 맞춘 전략적 결정이다. 공인중개사로 첫발을 내딛는 이들이 가장 많이 고민하는 문제 중 하나는, '바로 창업을 할 것인가, 아니면 먼저 소속으로 경험을 쌓을 것인가?'일 것이다.

누구나 이 갈림길 앞에서 서성인다. 곧장 창업하자니 '망하면 어쩌지' 하는 두려움이 엄습하고, 소속으로 들어가자니 어떤 사무실을 골라야 할지 막막하다. 잘못된 선택으로 스스로 실망하며, 애써 취득한 자격증을 스스로 내던지고 중개업을 포기하게 되는 건 아닐까 하는 불안감도 따라온다. 우리가 이 자격증을 어떻게 취득했는데 그렇게 포기할 수는 없지 않은가? 어떤 길이 올바른 선택일까?

어려운 선택이다. 필자 역시 처음 이 일을 시작할 때 곧장 창업을 생각하지는 않았다. 특별한 이유가 있었던 건 아니다. 단지 아무것도 모르는 상태에서 '내가 무엇을 해낼 수 있을까?' 하는 막연한 불안감 때문이었다. 가본 적 없는 길을 가는 것은 누구에게나 어려운 일일 것이다. 이 정도 고민조차 안 해본 사람이 있을까 싶다. 식당을 차린다고 가정했을 때, 주방기구 하나 제대로 다루어본 적 없는 사람이 주방장을 고용하고 사장 노릇을 한다면 얼마나 어색하고 위태로울까? 부동산 중개업도 다르지 않다고 본다.

물론 예외는 있을 것이다. 1인 중개업으로 시작하는 경우라면 차라리 바로 창업을 하는 편이 나을 수도 있다. 내 것이 되면, 죽이 되든 밥이 되든 악착같이 부딪히며 배우게 되기 때문이다. 남의 밑에 있을 때보다 훨씬 치열하게 노력할 수밖에 없다.

그러나 시행착오의 대가는 상당할 것이다. 그런 이유로 해서 필자는 대체로 직원 생활을 먼저 경험해보고 창업으로 넘어가는 걸을 권하고 싶다.
이 부분에 대해서는 중개업을 하시는 분마다 견해 차이가 있을 것이다. 애초에 소속의 경험이 없으셨던 분들은 소속의 필요성을 느끼지 못할 것이며, 애초에 소속의 경험부터 시작했던 분들은 소속을 경험해봐야 할지 말아야 할지에 대한 선택에 앞에서 조금은 수월한 결정을 내릴 수도 있을 것이다. 단순히 '자신이 창업할 것인가' 또는 '소속을 할 것인가' 하는 두 갈래 길의 선택이 아니다.

자신이 선택한 공인중개사라는 직업이 당신에게 전혀 갖지 않는 분야가 될 수도 있기 때문에 필자는 더더욱 소속으로 일을 해보라고 권하고 싶다.

수많은 직원과 같이 일을 해봤지만, 정말 태생적으로 중개업이 맞지 않는 것 같은 사람들을 많이 봐왔다. 그런 사람들이 돈도 벌지 못하고 멘탈마저 무너지는 모습을 많이 봤기 때문에 섣부른 개업은 큰 손해와 상처를 남길 수 있다.

처음부터 창업을 권하지 않는다고 해서, 그것이 소극적 선택이라는 뜻은 아니다. 오히려 직원으로서 경험하는 과정은 창업보다 더 값질 수 있다. 소속 생활은 단순한 '노동'이 아니라, 남의 경험을 빌려 자신의 시행착오를 줄이는 '학습'이다. 흔히 "사장들은 잘 가르쳐주지 않는다"고들 말한다. 정말로 그런 사장들도 있다. 계약서 작성법조차 가르쳐주지 않고, 업무 핸드폰을 쓰게 하면서, 그 어떠한 정보도 가르쳐주지 않으려 하는 사장들도 있기는 하다(필자는 경험해보지 못했다. 안 물어보니 안 가르쳐준 사람은 있어도 일부러 안 가르쳐준 건 아니었다).

하지만 필자가 개업 공인중개사로서 경험한 바로는, 배우고자 하는 열정과 의지가 있는 직원이라면 적극적으로 도와주고 싶은 마음이 생긴다는 것이다.

문제는 배움의 태도다. 늘 수동적으로 '누군가 해주겠지'라는 자세로 앉아 있는 사람은 아무것도 얻어가지 못한다. 우리는 영업직이 아니겠는가? 자발적으로 부딪히고 시도하는 직원은 의외로 다양한 지식과 노하우를 흡수한다.

소속으로 일하면서 사장을 욕하고 나가는 직원들이 있다. 정말 해서는 안 될 일이다. 돌이켜 생각해보면 두려워서, 자본이 없어서, 자격증이 없어서 등 여러 가지 이유로 당신은 가지 못한 길을 먼저 가고 있고, 당신에게 노하우를 전수해주고, 경험을 공유하고, 그렇게 버티며 '운영'하는 사람이 바로 당신 사장인 것이다.

당신도 언젠가는 개업 공인중개사가 된다. 당신의 그런 진심과 노고에 침을 뱉는 직원은 없기를 바란다.

개업 공인중개사는 아무리 못나 보여도 이미 한 번 창업이라는 산을 넘어본 사람들이다. 그들의 장점은 그대로 배우고, 그들의 단점은 반면교사로 삼으면 된다.

또 하나 중요한 점은, 배움은 반드시 한 곳에서만 이루어져야 하는 것이 아니라는 사실이다. 한 사무실에 오래 붙어 있는 것이 능사가 아니다. 짧은 시간이라도 배울 것을 다 배웠다면 지쳐하지 말고 다른 사무실로 옮겨라. 우리는 월급을 받는 직장인이 아니다. 경험이 곧 자산이니, 다양한 사장들을 만나보고 서로 다른 시스템과 문화를 경험할수록 개업 이후 훨씬 넓은 시야와 대응력을 갖출 수 있다. 사장으로서는 잘하는 직원이 오래 함께해주면 너무나 좋겠고, 그다지 실적이 좋지 않은 직원은 알아서 나가줬으면 하는 바람이 생기는 것도 사실이다. 그런데 꼭 반대의 상황이 벌어진다. 잘하는 직원들은 빨리 그만두는 경향이 있다. 그만큼 포부가 큰 것일까? 그러나 사장이 '배움 또는 수입' 중 한 가지라도 직원에게 줄 수 있다면, 직원은 오래 함께할 수 있을 것이다. 그리고 그런 사무실이라면 오래 있어도 좋다. 뭐든 정답은 없는 것 같다.

물론 현실적으로 소속으로 들어가기 어려운 경우도 있다. 특히 필자처럼 나이가 있거나, 남성이라는 이유만으로(필자는 여성이다. 예시를 든 것이다) 소속 공인중개사로 받아주는 사무실이 많지 않은 것이 현실이다.

이럴 때는 다른 길을 모색해야 한다. 그중 하나가 기존 사무실을 인수하는 방법이다. 기존 개업 공인중개사로부터 자리를 인수하면, 단순히 시설을 물려받는 데서 그치지 않는다. 그 사무실이 가진 물건 정보, 실무 노하우, 직원 관리 경험까지도 전수받을 수 있다. 물론 일정한 시설비나 권리금이 들어가겠지만, 완전히 맨땅에서 시작하는 것보다는 훨씬 효율적이다. 만약 중개사무실을 권리금을 주고 인수했다면, 간판상호, 전화번호는 그대로 받아 사용하는 것이 좋다.

특히 주거용 부동산을 주로 다루는 경우라면 더욱 그렇다. 임대인들은 대부분 특별한 일이 없는 한, 한번 계약했던 중개사무실에 오랫동안 맡기는 경우가 많으므로 간판의 상호나 전화번호가 바뀌면 다른 중개사무실로 인식할 수 있기 때문에 단골을 놓치는 문제가 발생할 수 있다.
기존 중개사무실을 인수하면 안정적인 초기 운영이 가능하다. 다만 주의해야 한다. 평판이 좋지 않은 중개사무실을 그대로 인수한다면, 그 부정적인 이미지가 고스란히 자신에게 옮겨올 수 있다. 반드시 주변 평판과 지역 내 영향력을 확인하고 결정해야 한다.

결국 창업과 소속, 어느 쪽이 더 나은 선택이냐는 질문에 정답은 없다. 다만 분명한 것은 창업은 운영 그 자체로도 버거운 전쟁이기에, 최소한의 기초는 반드시 갖춘 후 도전하는 것이 바람직하다는 사실이다.

　소속 생활은 단순한 노동이 아니라, 남의 경험을 간접 체험하면서 시행착오를 줄이는 중요한 기회다.

　상황에 따라 바로 창업이 답이 될 수도 있고, 사무실 인수가 더 현명한 선택이 될 수도 있다. 중요한 것은 어떤 길을 선택하든 스스로 배우고자 하는 태도와 자신의 강점에 대한 자각이 중요하다는 점이다.

로드형 vs 광고형, 대립이 아니라 균형이다

　부동산 중개업은 시대와 환경, 그리고 소비자의 행동 패턴에 따라 끊임없이 변화해왔다. 과거에는 길가에 있는 점포형 중개사무실, 이른바 로드 중개사무실이 주류였다. 지역의 중심지에 간판을 내걸고, 오가는 이들의 발길을 자연스럽게 끌어들이는 방식이었다. 그러나 지금은 상황이 달라졌다. 온라인 플랫폼과 각종 SNS, 유튜브, 블로그 같은 매체를 적극적으로 활용하는 광고 중개사무실이 점차 시장의 주도권을 쥐고 있다. 2가지 형태는 단순히 '오프라인 vs 온라인'의 구도가 아니라, 고객 접근 방식, 비용 구조, 확장성, 그리고 장기적 지속 가능성에서 서로 다른 철학을 보여준다.

　로드 중개사무실은 주로 유동인구가 많은 상권, 예를 들어 역세권이나 학원가, 상업지구에 자리 잡고 지역 주민의 자연스러운 유입을 기대하는 형태다. 오랜 세월 한자리에 자리하면서 쌓은 지역 기반 신뢰가 가장 큰 자산이다. 실제로 이런 사무실들은 고객과 직접 대면 상담을 하면서 심리적 안정감을 주고, 오랜 인맥과 관계망 속에서 거래가 성사되는 경우가 많다.

하지만 그만큼 부담도 크다. 좋은 위치에 있는 점포의 임대료는 높은 경향이 있고, 권리금까지 얹히면 초기 비용은 만만치 않다. 간판과 인테리어에도 투자해야 하니 초기 부담은 상당하다. 무엇보다 고객층이 대부분 근처에 거주하는 지역 주민으로 제한되기 때문에 시장 확장성이 떨어지는 단점이 있다. 또한 오프라인 접근성을 강조하다 보니, 방문은 많아도 실제 계약으로 이어지지 않는 '사랑방 고객'이 늘어나는 문제도 생긴다.

특히 나이가 많은 고객층이 중심이 되면서, 신규 고객 유입이 더딘 경향이 있다. 온라인 광고와 비교하면 홍보력에서 뒤처지기 쉽다는 한계가 뚜렷하다. 로드 중개사무실은 신뢰와 친밀감이 강점이지만, 비용 부담과 확장성의 한계를 극복하기 어렵다.

반대로 광고 중개사무실은 온라인 플랫폼과 디지털 채널을 적극적으로 활용한다. 네이버 부동산, 직방, 다방, 블로그, 유튜브, 인스타그램, 스레드 등 다양한 매체를 통해 매물을 노출하고 고객을 유입한다. 필자 역시 광고형 중개사무실을 운영하며, 그 효과를 몸소 체험했다.

가장 큰 장점은 광범위한 고객 접근성이다. 업계에서 흔히 하는 말이 있다. "그 지역 물건은 정작 그 지역 중개사무실이 거래하지 못한다." 이는 온라인 마케팅의 위력이 얼마나 큰지를 보여주는 말이다. 단순히 사무실 앞을 지나는 사람만 상대하는 것이 아니라, 전국 단위로 고객을 상대하는 시대가 되었다. 비용 면에서도 효율적이다. 물론 광고비가 적지 않게 들지만, 로드 중개사무실의 임대료와 비교하면 합리적이다.

무엇보다 온라인 광고는 단순히 매물 홍보를 넘어 개인 브랜딩을 가능하게 한다. 블로그, 유튜브, 인스타그램 등을 통해 정보를 꾸준히 제공하면, 고객은 단순한 '부동산 중개인'이 아닌 '부동산 전문가'로 당신을 인식하게 된다. 이는 곧 고객이 먼저 당신을 찾아오도록 만드는 강력한 신뢰 장치가 된다.

그러나 광고 중개사무실도 한계는 있다. 가장 큰 문제는 광고 경쟁이 점점 치열해지고 있다는 점이다. 특히 네이버 부동산 같은 플랫폼은 수많은 중개사무실이 같은 물건을 동시에 올리기 때문에 차별화가 쉽지 않다. 상위 노출 경쟁으로 인해 광고비가 상승하면서 비용 압박이 생기기도 한다.

지금의 부동산 중개업 성공 공식은 지역 기반 신뢰 + 온라인 확장성의 융합에 있다.

로드 중개사무실과 광고 중개사무실을 단순히 대립 구도로만 이해하는 것은 위험하다. 로드 중개사무실이 가진 장점은 분명하다. 오랜 시간 지역에서 쌓은 신뢰와 친밀감은 다른 방식으로 쉽게 대체할 수 없는 자산이다. 반대로 광고 중개사무실의 장점은 온라인 확장성과 속도, 그리고 브랜딩이다. 현재의 중개업 환경에서는 이 2가지를 융합하는 전략이 가장 유효하다. 오프라인의 신뢰 기반을 유지하면서, 온라인 광고와 개인 브랜딩으로 신규 고객을 지속해서 유입하는 것이다. 결국 부동산 중개업은 '사람과의 신뢰'와 '정보 전달 속도'라는 두 축 위에 서 있다. 한쪽에만 치우친 운영은 시대의 흐름을 따라가기 어렵다.

로드 중개사무실 vs 광고 중개사무실
선택을 위한 자기 점검 체크리스트

당신은 사람과 직접 얼굴을 맞대고 관계를 쌓는 것에 강한가 아니면 온라인 콘텐츠를 제작하고 관리하는 것에 더 자신 있는가?

- 대면 신뢰와 지역 네트워크 → 로드 중개사무실에 강점
- 디지털 홍보와 브랜딩 → 광고 중개사무실에 강점

당신이 감당할 수 있는 고정비 구조는 무엇인가?

- 매달 높은 임대료와 권리금 부담을 감수할 수 있다면 → 로드 중개사무실 적합
- 광고비와 마케팅 운영비로 전환하는 편이 더 효율적이라면 → 광고 중개사무실 적합

당신이 공략하고자 하는 고객층은 누구인가?

- 특정 지역의 거주민, 오랜 기간 형성된 인맥과 유대 관계 → 로드 중개사무실에 유리
- 지역을 넘어선 젊은 세대, 외부 유입 고객, 광범위한 수요층 → 광고 중개사무실에 유리

당신은 '기다리는 영업'과 '찾아가는 영업' 중 어떤 스타일이 더 맞는가?

- 사무실 앞을 지나는 고객과 자연스럽게 상담하며 관계를 맺는 것 → 로드 중개사무실

- 온라인 플랫폼·SNS로 먼저 고객을 찾아가고 노출하는 것 → 광고 중개사무실

당신은 장기적으로 어떤 이미지를 구축하고 싶은가?

- 지역의 터줏대감, 오랜 신뢰를 바탕으로 안정적인 고객을 확보 → 로드 중개사무실
- 전국 단위의 홍보, 전문 콘텐츠를 통해 '브랜딩된 중개사'로 자리매김 → 광고 중개사무실

* 개인적인 의견을 묻는다면, 필자는 온라인 플랫폼을 충분히 활용해 고객이 찾아오도록 만들어야 한다고 생각한다. 이제는 유튜브, 인스타그램, 블로그 등 각종 매체가 선택이 아닌 필수가 되었다. 자체 콘텐츠 제작 등을 통해 '브랜딩 된 공인중개사'로 독자 여러분이 설정한 지역의 전역을 중개할 수 있는 공인중개사가 되기를 희망한다.

권리금,
비용이냐 레버리지냐

　부동산 중개사무실 개업을 앞둔 예비 창업자라면 누구나 한번쯤 "권리금을 줘야 할까, 아니면 무권리로 들어갈까?" 하는 고민에 빠지게 된다. 특히 상가권리금은 단순히 비용 문제가 아니라, 상권에 대한 믿음과 투자적 성격을 함께 품고 있기 때문이다. 신축 상가에 무권리로 들어간다는 것은 곧 그 상권의 개척을 스스로 시작한다는 의미이기도 하기 때문에, 그만큼 불안정성과 위험을 감수해야 한다. 권리금에는 일반적으로 바닥권리, 영업권리, 시설권리가 포함된다.

　다만 중개업은 다른 업종과 달리 권리금의 성격이 모호하다. 매출 지표가 뚜렷하지 않고, 결국 성과는 전적으로 개업자의 영업력에 달려 있기 때문이다. 따라서 중개업 권리금은 주로 자릿값(바닥권리)과 시설권리 정도에 의미를 두는 것이 합리적이다.

　일반적으로 권리금을 주고 중개사무실을 인수하는 경우는 3가지 유형이 많다.

첫째, 오래 영업해온 사무실로부터 일정한 단골과 거래망을 이어받기
    둘째, 역세권이나 학원가, 상업지구처럼 노출도와 유동인구가 뛰어난 입지를 확보
    셋째, 기존 인테리어나 비품이 잘 갖춰져 있어, 개업 준비 과정을 단축하기

이러한 상황에서는 권리금이 단순한 비용이 아니라 시간을 돈으로 사는 투자가 된다. 권리금의 본질은 '시간 단축'과 '위치 경쟁력 확보'다. 자신의 상황에 맞게 적절하게 활용한다면 중개업에서 빠르게 적응해나가는 데 큰 원동력이 될 것이다.

권리금을 지급하면 확실한 장점이 있다. 기존 인테리어를 그대로 활용할 수 있어 개업 준비 시간을 줄일 수 있고, 기존 중개사무실이 쌓아놓은 지역 내 브랜드나 고객망을 일정 부분 승계할 수 있다. 무엇보다도 입지 경쟁력이 높은 상권을 빠르게 선점할 수 있다는 점에서 초기 영업 안정성이 높아진다.

그러나 단점도 명확하다. 실제 가치보다 권리금이 과도하게 책정되는 경우가 있고, 기존 고객이나 거래망이 반드시 새로운 개업자에게 이어진다는 보장은 없다는 것이다. 즉, 비용은 확실히 지불하지만 효과는 불확실할 수 있다는 점이다. 어떤 업종에서도 마찬가지일 터지만, 부동산 중개업은 개인의 역량과 퍼스널 브랜딩, 마케팅에서 매출에 큰 차이를 만든다. 이렇게 어려운 시기에도 사무실을 확장하는 공인중개사와 폐업하는 공인중개사들이 있다는 것이 그런 점이고, 전문직일수록 그런 개인적 역량과 퍼스널 브랜딩, 마케팅에서 매출의 차이는 엄청나게 벌어진다.

반대로 권리금을 주지 않고도 개업하는 방법은 얼마든지 있다. 신축 건물의 공실에 입점하거나, 기존에 실패한 사무실 자리를 무권리로 인수하는 방식이 대표적이다. 또한, 아직 개발되지 않았지만 향후 성장 가능성이 큰 지역을 선점하는 전략도 가능하다. 초보 공인중개사에게는 꽤 큰 도전일 수 있다. 특히나 아직 개발되지 않은 향후 성장 가능성을 보고 들어가는 지역의 경우에는, 몇 년이 될지 모르는 기다림의 시간을 버텨내야만 한다. 자신의 자금 여력과 시간 등을 고려해서 선택하는 것이 좋다. 자신의 강점에 대한 정확한 자각이 중요하다.

무권리 개업은 초기 비용을 절감할 수 있는 장점이 있다. 대신 입지나 인지도를 확보하기까지 시간이 더 걸린다. 권리금을 피한다면, 입지를 광고와 브랜딩으로 메워야 한다.

최근에는 온라인 마케팅이 강력한 무기가 되었기 때문에, 위치적 한계를 광고와 브랜딩으로 충분히 보완할 수 있는 한편, 고객이 당신을 찾아오도록 하는 수준에까지 도달했으므로 자신을 브랜딩하고, 홍보하는 것은 그 어떤 것보다 중요한 포인트다. 모든 전문 직종 의사, 변호사, 세무사, 회계사, 감정평가사 등이 마케팅에 쏟아붓는 돈은 어마어마하다. 필자가 병원을 임대해드린 병원 원장님들이 초기 폭발적인 마케팅을 통한 인지도 확보에 사활을 거는 것을 자주 봤다.

이제는 가만히 앉아서 손님을 기다리는 시대는 지났다. '나를 찾아오는 손님'을 만들어야 한다. 넘쳐나는 정보들 속에서 '내가 여기 있다'라는 것을 알려야만 하는 것은 필요가 아니라 필수다.

부동산 중개업에서 권리금은 필수 조건이 아니다. 권리금을 주고 들어가면 초기 안정성을 확보할 수 있지만, 과도한 비용을 떠안을 수도 있다. 반대로 무권리 개업은 비용 부담을 줄이지만, 상권 안착까지 시간이 필요하다. 따라서 권리금 여부를 결정할 때는 자본력, 마케팅 능력, 상권 분석 능력을 종합적으로 고려해야 한다. 그렇다고 해서 초보 공인중개사는 무조건 권리금을 주고 들어가야 초기 안정성을 보장한다는 것은 아니다.

궁극적으로 권리금은 필수라기보다 투자의 성격을 띠는 요소다. 얼마를 주고 어떤 입지를 확보하느냐, 그리고 그것이 당신의 영업 능력과 마케팅 전략에 얼마나 맞아떨어지느냐가 성패를 좌우한다.

권리금은 죄가 없다.

초보 공인중개사는 권리금의 형성된 이유인 고객망, 단골, 매물 정보, 상호나 전화번호 등을 잘 활용하지 못하는 경우가 있다. 권리금을 주고 들어갔다면 권리금 값을 뽑아내야 할 것 아니겠는가? 권리금만 내고 가만히 앉아 있으면 고객이 생기고 계약이 자연스럽게 이루어질까? 절대 아니다.

단골에게 이 중개사무실의 대표가 바뀌었음을 인지시키고, 그럼에도 불구하고 계속해서 관리받고 있다는 느낌을 받도록 초기에 신경을 많이 써주어야 한다. 또한 상호는 반드시 그대로 쓰기를 권장하고 전화번호도 바꾸지 말기를 권장한다. 오래된 중개사무실일수록 간판과 전화번호가 갖는 힘은 더 커진다. 매물 정보를 통한 TM(유선고객상담)을 계속 이어나가면서 물건의 업데이트를 시켜주고, 고객망을 활용해 좋은 물건이 확보되었을 때 연락을 취해 물건을 주기적으로 제안하는 일도 잊지 말아야 한다. 권리금은 죄가 없다. 멍석 다 깔아주었는데 신명 나게 한판 중개해보 겠다는 마음가짐 없이는 성공할 수 없다. 권리금이 능사는 아니다.

권리금 지급 여부 자기 점검표

번호	점검 질문	Yes	No	해석 가이드
1	내 자본력은 권리금을 주더라도 운영비(임대료·광고비 등)를 3개월 이상 버틸 수 있는가?	☐	☐	No → 무권리 개업 고려
2	인수하려는 사무실이 지역에서 인지도가 높고 단골 고객·거래망이 확보되어 있는가?	☐	☐	Yes → 권리금 가치 상승
3	해당 위치(역세권·학원가·상업지구 등)가 3년 이상 안정적 고객 유입을 보장할 수 있는가?	☐	☐	No → 권리금 필요성 증가
4	기존 인테리어·비품을 추가 비용 없이 그대로 활용할 수 있는가?	☐	☐	Yes → 시설 투자비 절감
5	내 온라인 마케팅 역량(광고·SNS·브랜딩)이 입지 약점을 보완할 수 있는가?	☐	☐	Yes → 권리금 필요성 감소
6	권리금이 시장 평균과 비교해 합리적으로 책정되었다고 판단되는가?	☐	☐	No → 협상·다른 입지 검토

결과 해석

Yes 4개 이상 → 권리금 지급, 투자 가치 있음(단 계약 검토 필수)
Yes 2~3개 → 권리금 여부 신중히 검토, 협상·무권리 대안 병행
Yes 1개 이하 → 권리금 지급 위험 큼, 무권리 개업 전략 추천

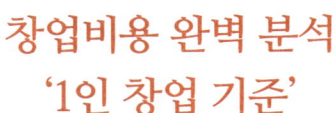

창업비용 완벽 분석
'1인 창업 기준'

중개사무실 개업은 단순히 간판을 달고 문을 여는 일이 아니다. 개업 직전 단계부터 수많은 행정·법적 절차, 물리적 공간을 마련하는 임대 비용, 사무실의 분위기를 좌우하는 인테리어와 비품 구비, 그리고 영업을 알리기 위한 홍보·마케팅 활동까지 단계별로 적잖은 비용이 소요된다. 여기에 더해 개업 이후 매달 발생하는 운영비까지 고려해야만, 비로소 현실적인 사업계획을 세울 수 있다. 다음은 실제 1인 기준 창업을 상정한 비용 분석표이며, 초보 개업 공인중개사라면 반드시 참고해야 할 부분이다.

행정·법적 비용

가장 먼저 마주하는 부분은 각종 행정 절차와 법적 요건이다. 사업자등록은 무료지만, 중개 개설등록 시 법인 형태로 등록한다면 등록면허세가 약 15만 원 정도 발생한다. 또한 개업 공인중개사라면 반드시 중개보증보험에 가입해야 하며, 보통 연 20만 원에서 40만 원 선에서 책정된다.

→ 필수 최소비용은 약 20~50만 원 전후로 잡을 수 있다.

사무실 임대 관련 비용

사무실은 중개업의 '얼굴'이다. 이 공간을 확보하기 위해서는 보증금과 월세가 필수적으로 들어간다. 보증금은 최소 1,000만 원에서 많게는 몇천만 원 이상, 월세는 입지와 평형에 따라 50만 원에서 300만 원 선까지가 적당하다.

권리금은 0원인 경우도 있으나, 상권이 좋거나 노출도가 높은 자리라면 수천만 원, 많게는 억대 이상을 요구받는 경우도 있다.

→ 즉, 이 항목만 해도 최소 1,000만 원에서 수천만 원대까지 천차만별로 달라진다.

인테리어 및 비품 구비 비용

사무실 분위기는 곧 고객에게 주는 첫인상이다. 따라서 기본적인 인테리어와 집기, 비품을 마련하는 데 적지 않은 비용이 소요된다.

인테리어 : 최소 100만 원에서 1,000만 원 이상
집기·비품 : 200~300만 원
간판 제작 : 200~400만 원

→ 합산하면 최소 500만 원에서 2,000만 원 수준이다. 이는 단순 장식이

아니라 '신뢰를 시각적으로 보여주는 비용'이라는 점에서 결코 소홀히 해서는 안 된다.

홍보·마케팅 비용

아무리 좋은 위치와 사무실을 갖췄다 하더라도 알리지 않으면 존재하지 않는 것과 같다. 초보 개업 공인중개사가 반드시 준비해야 할 기본 홍보 비용은 다음과 같다.

네이버 부동산 광고 : 월 10~50만 원
블로그·홈페이지 구축 : 약 100만 원
명함, 전단, 현수막 제작 : 약 50만 원 내외
→ 합산하면 초기 최소 150만 원 이상을 예상해야 한다.

운영비 '매달 발생하는 고정비'

개업 이후 반드시 따라붙는 월 고정비를 무시하면 안 된다.
임대료 : 50~300만 원
관리비·전기·통신비 : 20~40만 원
광고비 : 30~50만 원
세무대리 수수료 : 10만 원
기타 잡비 : 30만 원
→ 즉, 1인 기준 운영 시 매달 최소 140만 원 이상의 고정비가 발생한다.

총 창업비용 시뮬레이션

이제 실제로 창업을 위한 기본 자금을 시뮬레이션해보자.

창업 준비 비용 : 약 1,000~1,500만 원 이상

월 고정 운영비 : 약 140만 원

3개월 치 운영자금 확보 : 약 420만 원

→ 따라서 총 창업비용은 보증금을 제외하고 약 2,000만 원 정도가 현실적인 규모라 할 수 있다. 실제로 필자가 영등포 당산에 사무실을 차릴 때도 비슷한 비용 구조로 집행되었으며, 이는 대부분의 초보 창업자에게도 크게 다르지 않을 것이다.

다음은 필자가 운영하는 사업장의 보증금을 포함한 전체 예산 추정치다.

'예산 추정치'는 보증금과 인테리어, 집기구매, 간판, 중개수수료 등의 일회성 비용을 작성해놓은 것이고, '창업비용을 제외한 매월 고정비 예산 추정치'는 보증금 4,000만 원 + 월세 220만 원 + 관리비 20만 원 이외의 그 밖의 비용을 시뮬레이션해본 비용이다. 필자의 경우는 최소 매달 약 500~600만 원의 고정비가 발생했다. 필자는 시작과 동시에 직원 2~4명 고용을 목표로 했다. 그 선택은 곧 광고비용과 식대 비용 같은 부대비용까지 고려해야 한다는 뜻이었다. 자금 구조는 단단히 짜야 했다.

보증금 4,000만 원은 대출 레버리지로 조달했다. 필자는 코로나19 때 서울시 소상공인 지원 대출을 무이자로 3,000만 원 받았고, 신용대출로 1,000만 원을 받았다. 상환비는 신용대출에 대한 이자와 원금 비용이다. 이자가 높은 것부터 갚아나가는 것이 좋다.

예산 추정치 예시

예산	68,500,000		예상내역	
보증금	40,000,000	22.09.01~24.8.31	집기	3,500,000
			인테리어	11,940,000
	7800000		가구구매	620,000
	5150000		기타잡구매	1,989,617
	3650000		간판	4,576,000
			중개수수료	1,925,000
	40,000,000			24,550,617

출처 : 저자 제공

창업비용을 제외한 매월 고정비 예산 추정치 예시(2021년 기준)

	운영자금예상	3,949,383		
		9월	10월	11월
월세		2,530,000	2,530,000	2,530,000
주차비			330,000	660,000
광고비		842,000	1,000,000	1,000,000
식사비			400,000	800,000
공실클럽		220,000	220,000	220,000
정수기		19,900	19,900	19,900
세스코		30,000	30,000	30,000
프린트		30,900	30,900	30,900
세무사		110,000	110,000	110,000
두레		22,000	22,000	22,000
음료			50,000	50,000
인터넷		40,000	40,000	40,000
잡비		100,000	100,000	100,000
전기세		100,000	100,000	100,000
원금상환		540,000	540,000	540,000
		4,584,800	5,522,800	6,252,800

출처 : 저자 제공

    되도록 필자는 영끌하지 않는 선에서는 대출을 어느 정도 받아서 운영해보기를 추천한다. 그만큼 더 간절해지기 때문이다. 반드시 갚아야 할 돈, 반드시 벌어내야 하는 돈이 생기면 그만큼 더 간절해진다. 필자는 1년 안에 보증금 대출 4,000만 원을 모두 갚았다.

    '무조건 현금 창업'도 방법이지만, 지역별로 마련된 소상공인 지원 대출은 종류가 다양하다. 서류와 조건을 꼼꼼히 확인해 레버리지를 전략적으로 활용하길 권한다. 선택과 실행, 그리고 기록이 맞물리면 숫자는 따라온다.

외부공간을 먼저 살펴보면, 필자가 선택한 공간은 3면 간판이 가능한 곳이었다. 정면에는 우리 중개사무실을 연상시키는 로고 간판을, 한쪽 측면에는 채널 간판 타입을, 마지막 측면에는 스카치 고무 간판을 설치해 비용을 절감했다.

로고 & 스카치 고무 간판 예시

출처 : 저자 제공

채널 간판 예시

출처 : 저자 제공

솔직히 말해, 스카치 고무 간판은 중개사무실 간판과는 어울리지 않는다는 것이 필자의 개인적 견해다. 비용 면에서는 유리하지만, 질감과 존재감이 업무 특성보다 부족했다. 그래서 정면에는 불이 들어오는 현판도 더했다. 해가 지면 간판이 말을 해야 한다. 인테리어에서 가장 큰 비용을 차지한 것이 간판이었지만, 필자는 3면 노출이 가능한 공간을 택한 스스로의 선택을 후회하지 않는다. 단면으로 중간에 끼어 있는 사무실과 비교하면 광고·홍보 효과의 어드밴티지는 분명했다.

차량 위쪽에 보이는 간판이 채널 간판이다. 특히 채널 간판은 비용이 더 들더라도 미감과 가독성이 뛰어나다. 반대로 스카치 고무 간판은 비록 저렴하지만, 야간 조명 미지원이라는 태생적 한계가 있다. 홍보가 생명인 중개업의 특성상, 실제 적용을 해본 사람으로서 추천하기 어렵다. 첫인상은 비용이 아니라 자산이다. 간판은 비용 지출이 아니라, 브랜드의 전면전이다.

비용적 측면에서 살펴보면, 인테리어 + 집기 포함 총 약 2,000만 원이 들었다.
- 인테리어 약 1,000만 원 + 간판 약 500만 원 + 집기 약 500만 원

사람들은 "인테리어에 돈 많이 들였네요"라고 말하곤 했지만, 인테리어 자체는 1,000만 원도 채 들지 않았다. 사무실의 얼굴인 간판에 힘을 준 편이다. 솔직히 지금 돌아보면 조금 비싸게 한 부분도 있었던 것 같다. 하지만 배움은 늘 비용을 동반한다. 한번 과금 구조를 겪어보면, 다음번에는

견적 비교와 사양 선택에서 흔들리지 않는다. 무엇보다 의외로 보이지 않는 집기 비용이 많이 들어간다. 케이블, 프린터 토너, 케이블 덕트, 콘센트 멀티탭…. 사소해 보이지만, 완성도는 이런 디테일의 합이다. 보이는 것만이 돈을 먹는 게 아니다. 숨겨진 집기가 완성도를 좌우한다.

사무실 내부 인테리어 예시

출처 : 저자 제공

 다음은 필자가 오픈 당시에 두서없이 적어 내려간 비용 기록을 바탕으로 정리한 표다. 첫 개업 때만이라도 가능한 한 상세하게 비용을 적어두라. 언젠가 법인 대표가 되어 사무실을 10개, 100개까지 확장할 수도 있다. 한번 상세 분석을 해두면, 사무실 1개당 평균 개업 비용이 감(감각)이 아닌 근거(데이터)로 잡힌다.
 운영도 마찬가지다. 고정비 구조는 사무실 규모에 따라 어느 정도 예측 가능해진다. 전문적 회계가 아니어도 괜찮다. "이번 오픈에 실제로 얼마를 썼는가?" 이 단 하나의 사실만 명확하면 된다. 그 기록이 다음 선택의 안전장치가 된다.

창업비용 예산 추정치 예시(2021년 기준)

항목	금액	날짜	VAT	부가세	분류
인테리어계약금	1,100,000	8/9일	VAT포함		인테리어
공제증서	198,000	7/21일	VAT포함	18,000	기타잡구매
도어락	68,300	8/12일	VAT포함	6,200	기타잡구매
주차판넬	30,500	8/12일	VAT포함	2,700	기타잡구매
중개수수료	1,925,000	8/15일	VAT포함	175,000	중개수수료
8월관리비	110,000	8/15일	VAT포함	10,000	기타잡비
인테리어선수금	2,200,000	8/16일	VAT포함		인테리어
대봉투500매	104,283	8/17일	VAT포함	11,000	기타잡구매
힘펠환풍기	72,000	8/17일	VAT포함	6,500	기타잡구매
채용공고	66,000	8/18일	VAT포함	6,000	기타잡구매
인테리어중도금	3,300,000	8/18일	VAT포함		인테리어
클리어화일200매	140,000	8/20일	VAT포함	12,700	기타잡구매
간판선수금	2,500,000	8/18일	VAT포함	416,000	간판
인테리어중도금	3,300,000	8/18일	VAT포함		인테리어
파티션	144,000	8/24일	VAT포함	13,091	기타잡구매
가구	620,000	8/26일	VAT포함	56,363	가구구매
화이트보드	93,502	8/25일	VAT포함	8,500	기타잡구매
답례품	218,680	8/26일	VAT포함	19,880	기타잡구매
스티커	31,644	8/29일	VAT포함	2,877	기타잡구매
명함	25,658	8/28일	VAT포함	2,333	기타잡구매
서랍구매	44,000	8/28일	VAT포함	-	기타잡구매
문구류	34,050	8/28일	VAT포함	-	기타잡구매
스피커설치	198,000	8/31일	VAT포함	18,000	기타잡구매
이사비용	250,000	8/31일	-	-	기타잡구매
가림판	19,600	8/31일	-	-	기타잡구매
멀티탭	80,000	8/31일	-	-	기타잡구매
청소도구	61,400	8/31일	-	-	기타잡구매
간판잔금	2,076,000	8/31일	VAT포함		간판
인테리어잔금	1,655,000		VAT포함		인테리어
합	**20,665,617**				

출처 : 저자 제공

혼자의 장사에서 함께하는 사업으로, 직원 고용의 의미와 전략

개업을 준비하는 초보 공인중개사들이 가장 많이 묻는 말 중 하나가 바로 이 문제다.

"과연 직원 고용이 필요할까?"

처음에는 누구나 '나 혼자서도 충분히 운영할 수 있지 않을까?' 하는 생각을 한다. 개업 초기에는 임대료, 광고비, 인테리어 비용 등 고정비만으로도 이미 부담이 상당한데, 거기에 직원 고용까지 더한다는 것은 큰 모험처럼 느껴지기 때문이다. 그러나 중개업이라는 일은 단순히 계약만을 성사시키는 행위에 그치지 않는다. 상담, 현장 안내, 계약서 작성, 세무 및 행정업무, 그리고 광고·홍보까지 수많은 업무가 동시에 돌아가야 한다. 그렇기에 직원 고용 여부는 단순한 선택이 아니라, 사업 모델을 어떻게 설계할 것인지에 대한 본질적인 질문과 맞닿아 있다.

업무 분담은 곧 효율의 증폭이고, 효율은 곧 수익의 증폭이다.

공인중개사의 일과는 단순하지 않다. 아침에는 온라인 매물을 관리하고, 낮에는 현장 임장을 다녀야 하며, 오후에는 상담이나 계약이 이어진다. 초보 공인중개사가 이 모든 과정을 동시에 소화하기란 쉽지 않다. 이때 직원을 고용한다면 단순히 '도와주는 사람' 이상의 가치를 얻게 된다.

첫째, 업무 효율성이다. 직원이 있다면 전화 응대, 물건 수집, 행정 정리 같은 기초 업무를 분담시켜 대표 공인중개사가 핵심적인 상담과 계약 체결에 집중할 수 있다.

둘째, 성과의 확대다. 직원이 계약을 성사시킨다면 대표 혼자서 일할 때보다 1.5배, 2배 이상의 성과를 기대할 수 있다.

셋째, 파트너십의 잠재력이다. 수많은 직원이 들어오고 나가지만, 그중 몇 명은 진정한 사업 파트너로 발전하기도 한다. 인생에서 진정한 친구 세 명만 있으면 성공이라 하듯, 사업에서도 온전히 믿고 함께 갈 수 있는 동반자 세 명만 얻어도 인생이 달라진다.

세계적인 기업들을 떠올려 보라. 애플, 구글, 마이크로소프트, 메타, 유튜브, 에어비앤비, 우버, 이들 대부분이 공동 창업에서 출발했다. 물론 함께한 이가 배신하고 떠나는 경우도 있지만, "구더기 무서워 장 못 담근다"라는 말처럼, 리스크를 두려워해서는 성장도 없다. 장사꾼으로 남을지,

사업가로 성장할지는 직원 고용이라는 선택에서 갈리기도 한다.

그러나 현실은 냉정하다. 직원을 고용하면 당장 고정비가 늘어난다. 이미 월세, 광고비, 관리비로 버거운 상황에서 기대만큼 성과가 나오지 않는다면 사무실 운영이 흔들릴 수 있다.

또한 직원은 단순히 '월급을 주고 부리는 존재'가 아니다. 오히려 중개업은 근로자적 성격보다는 프리랜서적 성격이 강하기 때문에, 서로 성과로 평가받는 관계에 가깝다. 이 때문에 직원과 갈등이 생기기도 하고, 업무 태도 문제나 갑작스러운 퇴사로 인해 더 큰 부담을 떠안기도 한다.

특히 초보 공인중개사의 경우, 매출 기반이 아직 안정되지 않은 상태에서 성과 불확실성은 큰 리스크가 된다. 직원을 고용해도 몇 달간 계약이 전혀 나오지 않는 경우도 흔하다. 이런 상황에서 직원을 유지한다는 것은 대표 공인중개사의 멘탈뿐만 아니라 재정적 지속 가능성에도 치명타를 줄 수 있다.

현장에서는 흔히 "소속 공인중개사는 금방 독립하기 때문에 가르쳐봤자 경쟁자만 늘린다. 차라리 중개보조원을 써라"라는 조언을 한다. 일면 타당하다. 실제로 많은 소속 공인중개사가 6개월에서 1년 정도 배우고 독립하는 경우가 많다. 그러나 이것이 절대적인 진리는 아니다.

소속 공인중개사는 전문 자격자답게 책임감과 기본 지식을 갖추고 있어 안정적인 업무 수행이 가능하다. 반면 중개보조원은 자격증은 없지만, 오히려 저돌적인 영업 성향으로 더 많은 계약을 따내는 경우도 있다. 즉, 어느 쪽이든 케이스 바이 케이스라는 것이다. 중요한 것은 '이 사람이 나의 사업 철학과 맞는가, 그리고 함께 성장할 수 있는가'다.

> 돈은 동기를 만들고, 문화는 관계를 지속시킨다.

중개업의 인센티브 구조는 고정급 + 인센티브제와 순수 인센티브제(이하, 비율제) 크게 2가지다. 대부분은 비율제를 택한다. 아파트의 경우 전체의 매출의 10~20%는 직원, 80~90%는 대표가 가져가는 구조가 일반적이며, 잘하는 직원은 30(직원) : 70(대표)까지도 가능하다. 주택·상가·사무실의 경우 보통 직원 각자의 매출에 50 : 50에서 시작하며, 뛰어난 직원에게는 60%, 많게는 70%까지 주기도 한다.

비율제는 단순히 돈을 나누는 문제가 아니다. 직원이 스스로 '성과를 가져와야 돈을 번다'는 동기를 부여하는 장치다. 따라서 대표는 성과 공유 외에도 정기 회식, 명절 보너스, 작은 복지를 통해 유대감을 강화해야 한다. 직원은 가족이 아니다. 하지만 그렇다고 단순한 거래 관계로만 보면 오래 가지 못한다. '성과를 중심으로 한 파트너십'이라는 관점을 견지하는 것이 중요하다.

직원 고용 여부는 단순히 '한다/안 한다'의 문제가 아니다. 사무실의 위치, 초기 자본, 목표 거래량, 그리고 대표의 성향에 따라 달라진다. 안정적인 매출 기반 없이 무리하게 직원을 고용한다면 오히려 위험하다. 반대로 일정 규모 이상 거래가 몰리는 상황에서 혼자 감당하다가 고객 관리가 소홀해진다면 브랜드 신뢰도에 악영향을 준다. 직원 고용은 타이밍의 문제다. 준비되지 않은 채 인원을 늘리면 무너지고, 타이밍을 놓치면 기회를 잃는다.

따라서 초보 공인중개사는 먼저 1인 운영으로 기초 체력을 다진 뒤, 거래량이 늘어나고 성장곡선이 보일 때 단계적으로 인력을 충원하는 전략이 바람직하다. 직원 고용은 단순한 인원 보충이 아니라, 사무실을 장사에서 사업으로 도약시키는 계기가 되기 때문이다.

PART 5

중개는 루틴으로 만드는 시스템이다

검색 창부터 장악하라, 우리 사무실을 찾기 쉽게 만드는 법

중개업의 성패는 단순히 계약 건수에 의해 결정되지 않는다. 얼마나 많은 고객이 당신을 '발견할 수 있는가?', 그리고 발견 이후 '얼마나 신뢰할 수 있는가'라는 2가지 축에 달려 있다. 이 두 축을 동시에 충족시키는 것이 바로 사무실 마케팅과 홍보 전략이다. 초보 공인중개사들은 개업과 동시에 수많은 행정 절차와 영업 준비에 휘말리다 보니, 마케팅을 뒷전으로 두는 경우가 많다. 그러나 눈에 보이지 않는 이 작은 차이가 장기적으로 사무실의 성패를 갈라놓는다.

검색 기반 홍보, '온라인 지도에 존재하는가?'

현대의 소비자는 '검색'으로 시작해 '신뢰'로 이어진다. 고객이 티맵(T-map)이나 카카오맵으로 길을 찾다가 당신의 중개사무실이 검색되지 않는다면, 그것은 존재하지 않는 것이나 다름없다.

검색 기반 홍보는 단순히 선택이 아니라 '존재 증명'이다. 그래서 오픈 뒤에는 시간이 부족하고 바쁘더라도, 잠을 못 자고 일을 하는 한이 있어도, 플랫폼 등록을 될 수 있으면 이른 시일 내에 마무리하는 것이 좋다.

네이버 스마트플레이스, 구글 비즈니스, 다음카카오 플레이스에 반드시 내 점포를 등록해야 한다. 상호, 연락처, 영업시간, 사진을 정성껏 올려

네이버 플레이스 등록 예시

출처 : 네이버

PART 5 중개는 루틴으로 만드는 시스템이다

두면 단순 노출 이상의 신뢰 효과가 생긴다. 사업자등록증이 발급되는 즉시 진행하는 것이 좋다. 플랫폼 검수에 며칠이 소요되므로 지체할수록 고객 유입의 기회를 잃는다. 티맵, 카카오 내비게이션에 검색되도록 등록하는 것은 단순 편의의 문제가 아니다. 당신의 사무실을 방문하려는 고객에게 길을 열어주는 '최초의 안내 서비스'다. 요컨대, 검색 기반 홍보는 '우리 사무실의 좌표를 세상에 새기는 첫 작업'이다.

작은 차이가 품격을 만든다

오프라인 공간은 곧 '브랜드의 얼굴'이다. 당신이 운영하는 사무실이 단순히 계약서만 쓰는 장소가 아니라, 고객이 신뢰를 형성하는 심리적 무대라는 사실을 잊어서는 안 된다.

클리어 파일, 명함, 사용되는 볼펜 하나에도 사무실의 로고와 상호를 새긴다. 작지만 일관된 시각적 요소는 고객에게 '체계적인 사무실'이라는 무언의 메시지를 전달한다.

공인중개사 자격증 액자, 수상 경력, 인증패 등은 눈에 잘 띄는 자리에 배치한다. 고객은 무심코 바라보며 사무실의 역사와 권위를 체감한다.

그 밖에도 사소하지만 강력한 장치로 주차금지 보드, 출입문 로고, 임대문의 스티커에도 브랜드를 각인하라. 이런 요소들이 모여 사무실의 격조를 높이고, 다시금 고객의 기억 속에 남는다. 신뢰는 디테일에서 비롯된다. 작은 것 하나에도 정성을 기울이는 태도는 결국 고객의 마음에 닿는다.

오늘날 마케팅의 최전선은 SNS다. 중개사무실 역시 예외가 아니다. 네이버 부동산 등록은 이제 기본이다. 블로그, 인스타그램, 유튜브 등은 선택이 아니라 생존 조건이다.

필자는 실제로 〈담백한경제이프로〉라는 유튜브 채널을 운영하고 있다. 부동산과 경제를 주제로 한 콘텐츠를 올리다 보니, 많은 사람이 필자를 인지하게 되었고 심지어 필자 중개사무실을 직접 찾아오는 경우도 많아졌다. 고객들이 "이프로부동산 맞으신가요?"라고 묻는 순간, 이미 반쯤 계약을 성사시킨 것이나 다름없다. 이것이 곧 브랜딩의 힘이다. 블로그를 통한 정보 제공, 인스타그램과 스레드를 통한 짧고 직관적인 홍보, 유튜브를 통한 전문성 콘텐츠. 각각의 채널은 다른 고객층에 다른 방식으로 영향을 미친다.

많은 초보 공인중개사들이 "창피하다", "내가 할 수 있을까?"라는 두려움으로 SNS 홍보를 주저한다. 그러나 냉정히 말해, 도전하지 않는 순간 이미 하위 90%에 머무는 것이다. 용기를 내는 순간, 당신은 상위 10%의 공인중개사가 된다. 오늘날은 변호사, 세무사, 의사조차 개인 홍보를 위해 발로 뛴다. '공인중개사니까 당연히 손님이 오겠지'라는 생각은 가장 위험한 착각이다.

마케팅은 단순히 광고가 아니다. 그것은 '고객이 나를 찾기 전에, 내가 먼저 고객의 눈에 띄는 과정'이다. 검색 기반 홍보가 '좌표'를 세상에 새기는 일이라면, 오프라인 판촉물은 '브랜드의 품격'을 보여주는 일이고, SNS는 '나라는 사람을 하나의 브랜드로 만드는 작업'이다. 결론적으로, 마케팅 없는 중개업은 존재할 수 없다.

초보 공인중개사가 가장 먼저 해야 할 일은 계약이 아니라, 당신과 당신 사무실을 어떻게 알릴 것인가에 대한 고민이다. 알리지 않는 사무실은 아무리 좋은 입지에 있어도 투명한 유리벽 안에 갇힌 것과 같다. 하기 싫은 것을 해야 한다. 하기 싫은 것을 그냥 하다 보면 그냥 결과가 만들어질 뿐이다. 하고 싶은 것만 하는 것은 자신의 사업장을 운영하는 사장의 자세가 아니다. 당신은 사무실 하나를 온전히 운영해가야 하는 사업장의 대표다. 하고 싶은 것이 아니라, 하기 싫은 것을 루틴으로 만들고 그것을 반복적으로 하는 것이 성공의 열쇠다.

[업종별 물건 확보 시크릿 1]
현장답사, 필드워크(Fieldwork)

상업용, 업무용 물건 확보 시크릿

물건 확보는 요령이 아니라 루틴이다. 현장(오프라인)과 탐색(온라인)을 매일 반복하는 습관이 전속과 추천을 부른다.

개업을 준비하는 분들이 가장 먼저 묻는 말, "물건은 대체 어떻게 확보하나요?" 정답은 의외로 간단하지만, 현장에서만 통하는 비밀이 숨어 있다. 이 장에는 그 비밀을 온전히 펼쳐보이는, 말 그대로 당신 매출의 분수령이 될 내용이 있다. 그 어디서도 본 적 없는 핵심들로 가득하다. 읽고 또 읽고 반복해서 실행하라, 그러면 당신은 절대 망하지 않는 중개업을 할 수 있을 것이다.

첫째, 관리소장은 '물건의 관문'이다. 예의·신뢰·속도를 지키면 관문은 문이 된다.

상가·사무실 물건은 주거보다 진입이 수월한 편이다. 건물 대부분에 관리소장이 있고, 이 라인을 열어두면 임대 현황·공실 예정·전속 가능성까지 한 번에 접근할 수 있다. 건물마다 발로 찾아가야 하는 번거로움이 있지만, 그만큼 정확하고 빠른 정보를 얻는다.

관리소장에게 임대 문의를 정중히 요청하고, "현재 대기 고객이 있다"라는 사실을 명확히 알리는 것이 좋다. 건물주와 직접 협의해야 할 사항이 있음을 설명하고 건물주 연락처를 부탁드려보는 것도 좋은 방법이다.

관리소장과 친분이 쌓이고 그 관계의 깊이가 깊어질수록 전속을 먼저 주거나, 물건이 나오자마자 가장 먼저 연락이 오는 경우가 많다. 실제로 관리소장에게 전속 위임과 결재 권한이 있는 경우도 있기 때문에 친밀한 관계 형성은 물건을 확보하는 데 매우 중요한 열쇠로 작용한다.

관리실은 대개 최상층이나 지하 1층에 있는 경우가 많다. 층별 안내도에서 건물명과 같은 관리 법인/회사명을 확인하는 것도 훨씬 수월한 방법이다.

둘째, 현수막은 간판이 아니라 지도다. 문구의 차이가 접근 경로를 정한다.

거리에서 보이는 임대 문의 현수막은 그 자체가 정보의 보고다. 지금은 현수막에 공인중개사 상호·등록번호·대표자 성명 등을 기재하게 되어 있어, 공인중개사 광고인지 건물주가 직접 광고를 하는 것인지 한눈에 판별된다. 단순 '임대문의', '건물주 직접임대'만 적힌 현수막은 건물주 직거래 신호일 가능성이 크다. 이런 소소한 차이를 아는 초보 공인중개사는 현수막이 건물주에게 닿을 수 있는 지도라는 점을 인지하게 되는 것이다. 건물주 측 정보로 곧장 접근해보길 바란다.

셋째, 법적 표시는 합법적이고 정면 돌파 가능한 접점이다.

대부분 건물 1층 출입구 주변에는 소방곤리책임자의 연락처가 게시되어 있다. 건물주는 비용 절감을 위해 직접 자격을 취득해 소방책임자를 겸하는 경우가 흔하다. 그 번호로 연락하면 관리소장이거나 건물주 본인이 응대하는 경우가 많다. 현장에서 '과연 내가 이런 경험을 할 수 있을까?' 고민하지 말고 실행하라. 모든 정답은 현장에 있다.

넷째, 온라인 지도는 기록 보관소다. 과거의 간판은 오늘의 연락처가 된다.

카카오맵, 네이버 지도의 거리뷰를 활용하면, 특정 건물의 과거 시점을 확인할 수 있다. 현재는 현수막이 없어도, 과거로(최대 약 15년 전까지 확인 가능한 경우가 많음) 돌아가보면 임대문의 현수막·연락처가 선명히 보일 때가 있다. 그 번호로 거꾸로 추적해보는 방법이 있다. 오프라인 임장과 병행하면 누락된 물건을 더 빠르게 건질 수 있으니 반드시 오프라인 임장과 병행해야 한다.

다섯째, 공개정보는 자산이다. 정식 채널을 정중히 밟을수록 신뢰가 남는다.

현장을 바로 가기 어렵거나 시간이 촉박할 때는 지도의 건물 정보 레이어를 켠다. 건물 위에 마우스를 올리면 뜨는 파란 집 모양 아이콘을 눌러보거나, 오른쪽 마우스를 누르면 나오는 그 건물에 등록된 업체들의 대표 연락처가 목록으로 나타난다. 이 정보는 업체가 직접 공개한 번호이므로 개인정보보호법 위반이 아니다. 특히 건물명과 같은 법인명이 보이면, 건물주 법인과 연계되었을 확률이 높기 때문에 이 경우 해당 법인에 정식으로 임대 문의하는 루트를 열 수 있다.

여섯째, 소유구조를 알면 말문이 열린다. 법인의 문은 공식 메일과 대표번호로 통한다.

건축물대장이나 등기부등본을 열람했을 때 소유자가 법인으로 되어 있다면, 먼저 포털에서 법인의 정식 상호명으로 검색한다. 대부분은 대표전화나 임대 담당 부서 연락처가 공개되어 있으므로, 이를 통해 공식적으로 문의할 수 있다.

네이버 등 검색엔진을 통해 법인의 대표번호나 임대팀 연락처를 확인한 뒤, 임대 조건·요건·필요 서류를 사전에 파악하는 것이 중요하다. 이러한 공식 절차를 거치면 초기 신뢰도가 높아지고, 거래 과정에서도 불필요한 오해를 줄일 수 있다.

이런 예는 실제로 많다. 우리가 관리하는 건물에 공실이 발생했을 때 프랜차이즈 본사 점포개발팀에 입점을 제안할 때도 이 방식을 활용한다. 해당 브랜드의 공식 홈페이지에 접속하면 '점포 제안' 메뉴나 점포개발팀 연락처가 안내되어 있다. 그곳을 통해 우리 건물의 입점 제안을 공식적으로 전달하면, 업체로서도 신뢰할 수 있는 루트로 접수하게 되어 서로에게 윈윈(win-win)이 되는 구조가 만들어진다.

일곱째, 용기는 태도에서 완성된다. 매너를 지키는 직진은 거절 속에서도 추천을 만든다.

가장 어렵지만 가장 강력한 방법이다. 영업 중인 1층 상가에 직접 들어가 임대계획을 여쭙는 것이다. 다만 시간과 대상을 철저히 가려야 한다.

바쁜 시간대에 임대 의사를 묻는 건 실례다. 매장 리듬을 존중하자.

직원에게 임대 의사를 묻지 말아야 한다. 직원 모르게 가게를 빼려는 사장님도 많기때문에 "사장님 계실 때, 잠시 상담할 수 있으실 때 다시 오겠다"라고 명확히 밝히는 게 예의다. 첫마디는 가볍고, 핵심은 간결하게 건넨다. "가게 분위기가 너무 좋네요. 혹시 중·장기 임대계획이 있으시면, 조건 없이 시장 가격만 공유 드리고 싶습니다." 첫 대면은 물건의 확보가 핵심이다. 첫 만남에서부터 관계 형성에 애를 쓸 필요는 없다. 물건 확보 시에는 핵심만 간결하게 하자.

꾸준함은 정보의 신뢰를 부르고, 신뢰는 전속을 부른다. 물건은 결국 '사람'에게서 온다.

물건 확보는 한 번의 번뜩임이 아니라, 매일의 루틴이다. 관리소장 〉 현수막 〉 소방책임자 〉 거리뷰 〉 업체 리스트 〉 등기부등본 〉 직접 콜드 세일즈(Cold Sales)까지, 온·오프라인을 동시에 굴리는 7가지 방법으로 임장하고 매물을 확보하는 일을 매일의 루틴으로 습관화해라. 어느 순간부터 전속 제안과 선제 연락이 당신에게 찾아올 것이다. 그리고 그때 비로소, 당신의 중개사무실은 물건을 찾는 곳이 아니라 물건이 찾아오는 고객과 건물주로 북적거리는 곳이 될 것이다.

주택(단독, 다가구, 다중주택, 빌라, 연립 등) 물건 확보

주거 물건은 '시간과 장소'의 싸움이다. 신축이 뜨는 순간, 현장이 곧 데이터베이스다.

주거용은 상업용과 달리 대표번호도 없고, 법인 소유 비중도 낮다. 연락처를 추적할 단서가 부족하니 접근 자체가 까다롭다. 그래서 타이밍과 루트가 전부다. 신축의 매물 확보 루트는 신축이 올라오는 순간이다. 건설 현장이 정보를 가장 많이 흘린다. 그래서 적시에 하는 현장답사는 물건 확보의 핵심 시크릿이 된다. 그 창구를 놓치지 말아야 한다. 구축의 매물 확보 루트는 플랫폼, 동네 네트워크망, 권리금 등의 이름으로 접근할 수 있다. 우선 신축의 물건을 확보하는 방법부터 알아보자.

첫째, 공사 현황판은 단순한 안내문이 아니라 연락망이다. 표지판을 읽는 방법을 아는 자가 시장을 선점한다.

주택 골조가 오르기 전후로 공사 현황판(현장설명판) 이 외벽에 붙는다. 현장소장·시행·감리·발주자(건물주) 연락처가 표기되는, 말 그대로 의무 공개정보로써 민원 대응과 안전관리 등의 문제로 건설 현장 주변을 돌아보면 반드시 어딘가에는 걸려있다.

루틴은 단순하다. 공사 현장판을 사진으로 남기고, 연락처를 정리한 뒤 임대 의향·규모·입주 시점만 간결히 파악한다. 공정이 빠르면 매물 세팅도 빨라진다. 시점에 맞게 현장소장, 건물주 등과 연락을 취해보라. 적극적으로 공인중개사의 응대를 받아줄 것이다.

둘째, 현장소장은 정보의 관문이다. 예의, 맥락, 속도 이 3가지로 관문을 문으로 바꾼다.

현장에는 직종이 섞여 있고, 초보 눈에는 소장이 잘 안 보인다. 현장에 묻는 게 빠르다. "소장님 어디 계신가요?"라고, 안전에 방해되지 않는 타이밍에 짧고 또렷하게 물어본다.

소장은 대개 건물주의 직통 정보를 쥐고 있다. "임대 관련 논의가 있어 건물주와 직접 협의가 필요하다"라고 배경을 설명하면 현장에서 근무하는 현장 근로자들이 다소 쉽게 연결해주는 경우가 많다. 연락처만 받는 게 목적이 아니다. 보통 작은 빌라나 다가구주택·다세대주택 등의 경우에는 공사하는 동안에도 현장 출입이 허락하에 가능한 경우가 많다. 동선·평형·주차·출입구 구성 같은 하드웨어 팩트도 같이 챙길 수 있는 무기가 생긴다. 그것은 고객에게 남들이 보지 못한 것을 설명하며 제안할 수 있는 초도 제안의 질을 높인다.

셋째, 플랫폼은 속도전이며, 현장은 곧 신뢰다. 둘을 병행한다면 큰 힘을 발휘한다.

공실닷컴, 온하우스, 공실클럽, 당근마켓 등 공인중개사가 확인·활용하는 플랫폼에는 임대인이 직접 올린 정보가 축적된다. 초보가 첫 물건을 잡기 좋은 동선이다.

주의점도 있다. 중복·구형 매물 필터링, 조건 사전검증이 필요한 물건들이 상당수 있다.

한 번의 무의미한 동선이 하루의 집중력을 무너뜨린다. ① 물건을 리스트업 한 뒤 → ② 1차 유선 통화 검증을 통해서 물건이 살아 있는지를 확인하고(변경이 있을 수 있으므로 임대 조건 등도 함께 재확인한다) → ③ 2차 현장 확인을 한다(사진 촬영·안내 동선파악). → ④ 이것을 나만의 매물장에 적용하는 것은 빠질 수 없는 루틴이 되어야 한다. 이 4단계만 작업으로 생각보다 많은 물건을 확보해내는 작업을 이룰 수 있다.

넷째, 동네망에 들어가 시장의 회원이 된다. 동네 공인중개사는 또 다른 나의 중요 고객이다.

　　주거는 지역성이 전부다. 각 지역의 공동 중개망(월 회비) 안에서 물건 ↔ 손님을 맞교환하듯 흘려야 한다. 손님이 있으면 물건을 찾고, 물건이 있으면 손님을 붙이는 구조이다. 인근 사장들과 인사·공유·검증을 반복해, 그 지역에서 실제로 쓰는 망을 파악하고 합류한다.

　　룰은 간단하다. 올리는 정보는 정확하게, 가져가는 매너는 깔끔하게. 한 번의 신뢰 저하가 네트워크 전체에서 당신의 신뢰도를 깎아낼 수 있다. 준공 이후 시간이 흐른 주택은 정보가 분산되어 있다. 건물주는 동네 중개사무실 몇 곳과 이미 거래 히스토리를 쌓았고, 동일 중개와 반복 거래가 관성이다. 그래서 정보 접근에 시간이 필요하다. 공동 중개망을 잘 활용해 한두 번의 계약 성사로 신뢰가 쌓이게 되면, 그 동네 공인중개사와는 신뢰 관계가 구축된다. 물건이 새로 나오면 먼저 연락을 주기도 하고, 중개사무실이 겹쳤을 때 당신에게 우선순위를 주기도 한다. 또 다른 공인중개사는 초보 공인중개사에게 매우 중요한 고객이다.

　　다섯째, 아파트 시장 권리금의 진짜 의미는 '이름'이다. 상호는 단순한 간판이 아니라 신뢰의 축적물이다.

　　아파트에서 물건을 확보할 수 있는 가장 현실적인 우회로는 기존 중개사무실 인수다. 아파트 중심지역에서 권리금이 높은 이유도 여기에 있다. 브랜드·히스토리·단골이 한데 묶여 거래된다. 인수 시에는 상호를 승계하는 선택이 유효하다. 동네에 각인된 이름을 유지하면, 고객의 인지·신뢰 전이가 매끄럽다. 오래되고 평판 좋은 주택 중개사무실을 인수해 이어 달리는 전략은, 특히 아파트 시장에서 효과가 크다. 꾸준함은 결국 전속을 데려온다. 주거 물건은 요령이 아니라 반복으로 잡는다.

앞서 말했던 5가지의 방법으로 매일 루틴과 같이 매물을 확보하고, 신뢰 관계를 형성하면, 어느 순간부터 전화가 거꾸로 온다. 물건을 찾아다니던 손이, 물건을 고르는 손으로 바뀌는 지점. 그것이 주거용에서 살아남는 방식이다.

고전 채널의 재해석 : DM, 현수막, 명함작업, 우리 사무실 유리면 안내문

고전 채널은 '저효율'일 수 있어도 '무효'는 아니다. 최소한의 노출은 신뢰의 바닥을 다진다.

책 대부분이 이런 고전적 방법들만을 중개 물건 확보의 전부인 것처럼 소개한다. 아니다, 전혀 아니다. 이것은 그저 사용해도 그만 아니어도 그만인 고전적인 방식에 불과하다. 하지만 효과가 아예 없는 것은 아니기 때문에, 효율성은 떨어지더라도, 최소한의 노출로 신뢰의 바닥을 다질 수 있는 방법이다.

사실, 필자가 위에 쓴 내용처럼 현장에서만 통하는 진짜 비밀은 책에서 좀처럼 보기 어려운 내용이다. 그야말로 실전에서만 사용하는 실전 스킬이기 때문에 실전에 나와도 잘 안 가르쳐주는 경우가 더 많다. 그렇다고 해서 고전 채널들이 무가치한 건 아니다. 효율은 낮아도, 베이스라인은 지켜야 한다. 남들이 다 하는 만큼은, 당신도 반드시 해두어야 한다. 기본을 무시하고서는 성장도 없기 때문이다. 지금까지 살아남은 방법이라면 그만한 이유가 있을 것이라고 한번 속아보는 것도 좋은 방법이다.

첫째, DM 보내기다. 수고 대비 효율은 낮지만, 그래도 바닥 다지기다.

DM은 손이 많이 간다. 리스트를 모으고, 내용을 정리하고, 발송하고, 반응을 확인한다. 수고보다 효율이 낮은 편이라는 건 부정하기 어렵다.

하지만 DM의 가치는 즉답보다 '여기 이런 사무실이 존재한다'라는 최소 노출에 있다.

아무 흔적도 남기지 않는 것보다는, 가느다란 실 하나라도 걸어두는 편이 낫다. 핵심은 짧고 명확한 메시지와 연락 가능한 채널 표기다. DM은 성과를 '바로' 만들기보다는, 다음 접점을 위한 초대장 정도로 생각하면 된다.

둘째, 명함 작업이다. 명함은 손에서 손으로, 작은 인지의 씨앗이다.

명함은 시대에 뒤떨어진 도구처럼 보이지만, 대면 순간의 기억을 고정시키는 역할을 한다. 카운터 위에 쌓아두는 명함이 아니라, 대화 후 손에 남는 명함이어야 한다. 효율이 폭발적일 거라 기대하진 말자. 대신 현장·만남·임장의 총량이 늘어날수록 이 작은 카드가 누적 인지를 만든다. 1,000장에 1명의 유효고객만으로도 족하다. 명함은 1군, 2군, 3군으로 분류하거나, 주요고객, 주요거래처, 일반고객, 일반거래처 등으로 분류해 나누고 주기적으로 연락을 취해서, 고객에게 '내가 여기 있다'라는 점을 각인시키고 관리해야 한다.

명함을 주는 것도 중요한 일이지만, 받아 정리하는 것도 매우 중요한 일이다. 명함을 보면 고객이 기억이 난다. 언제 어디서든 명함을 들고 다녀라, 그냥 식사 자리여도, 그냥 친구를 만나도, 그냥 아는 사람의 아는 사람을 만나도 명함은 반드시 건네는 습관을 들이자. 명함의 총량이 늘어날수록 당신의 인지도는 더욱 높아질 것이다.

셋째, 우리 사무실 유리면에 매물 안내장을 붙인다. 이것은 살아 있는 사무실이라는 표시다.

사무실 유리면에 임대 물건 안내를 붙이는 건 고전 중의 고전이다. 지나치는 이들이 흘끗 보는 정보다. 효과는 크지 않지만, 한 가지 확실한 효용이 있다.

사무실이 '운영 중'이며 '업데이트 중'이라는 신호를 준다. 잠깐씩 멈춰서 우리 중개사무실을 그 찰나의 순간에 '여기에 존재하고 있다'라는 시그널을 고객에게 주는 것이다.

그것이 당장 유효고객이 되지 않을지라도, 고객에게 우리 사무실이 정상적으로 활발하게 많은 물량의 매물을 확보한 중개사무실이라는 인식을 심어주는 것만으로도 충분한 홍보 효과를 누린 것으로 볼 수 있다.

주의할 점은 단 하나. 낡은 안내를 방치하지 말 것. 오래된 종이, 끝이 말린 테이프, 지난달 매물 이런 것들은 오히려 신뢰를 깎는다. 적어도 주 단위로 한 번은 정리하자. 유리면은 작은 전시관이다.

넷째, 같은 고전이라도 현수막은 아직 '먹히는 고전'이다. 가능한 한 많이, 가능한 한 오래, 가능한 한 잘 보이게 할 것. 다만, 현수막을 붙인 해당 물건의 계약을 성사시키는 것이 근본적 목적이지만, 그 반대의 경우가 홍보의 효과는 더 좋다는 것을 알아두자.

고전적인 마케팅 중에 가장 효과적인 건 현수막이다. 지금도 현수막을 보고 직접 전화가 온다. 메시지는 단순할수록 좋고, 폰트는 굵고 읽히게, 연락처는 큼직하게. 무엇보다 건물주와 협의해 가능한 한 많은 건물에 달아보자.

초보 공인중개사들을 위해 이야기해보자면, 현수막을 걸기 가장 좋은 곳은 '가시성이 좋으면서, 오랫동안 임대가 나가지 않은 건물의 1층'이다.

'아니, 가시성이 좋은 1층이라면 빨리 나가지 않겠느냐'라고 반문할 수 있겠지만 가시성이 좋은 1층은 그만큼 월세가 비싸다. 건물의 수익률 때문에 임대료를 쉽사리 내려주지 않는 임대인들의 성향상 우리는 될 수 있으면 오래, 가능한 한 잘 보이게 현수막을 많이 붙이는 것이 목적이기 때문에 꼭 1층이 아니더라도 '가시성 좋은 오래도록 안 나 갈 자리'를 잘 골라 현수막을 다는 것이 좋다.

"기본기는 버리는 게 아니라, 위에 쌓아 올리는 바닥이다. 고전은 바닥, 현장 비밀 루틴은 칼끝이다. 우리는 둘 다 필요하다." DM, 현수막, 명함, 유리면 안내. 남들도 다 하는 방법이다. 그래서 당신도 최소한은 해야 한다. 효율만 따지면 내려놓고 싶은 유혹이 있지만, 이 4가지는 기본기다.

고전 채널의 역할은 단 하나, 제로를 일(1)로 만드는 것. 존재를 알리고, 신뢰의 바닥을 다지고, 그 위에 우리가 앞서 말한 '현장 비밀 루틴'을 올리면 된다. 고전은 '기본 노출'이며, 시크릿은 '핵심 침투'다. 둘을 함께 굴릴 때 매출의 모양이 바뀐다.

[업종별 물건 확보 시크릿 2]
온라인 스나이핑(Sniping)

브랜딩은 옵션이 아니라 생존 장치다. 답은 간단하다. 모르면 뒤처지고, 알면 앞서간다.

스나이핑이란 '타깃을 정밀하게 노리는 브랜딩 방법'쯤으로 해석하면 좋을 것 같다. 요즘 중개업의 키워드는 한마디로 브랜딩이다. 자신을 브랜드로 세우고, 자신의 사무실의 이름을 브랜드로 키우는 작업. 이 흐름을 읽은 젊은 사장들은 자연스럽게 SNS 사용량을 늘리고 있다. 나이 들었다고 못 할 이유는 없다. 손품만 조금 팔아도 관련 교육과 정보는 차고 넘친다. 공짜로 얻어지는 것은 없다. 배워야 산다. 최신 트렌드를 익히는 게 곧 생존 전략이다.

이미지·영상 기반의 유튜브, 인스타그램, 틱톡, 텍스트 중심의 스레드는 기본 장비에 가깝다. 카카오스토리, 네이버 카페까지 보조 채널로 두면 더 안정적이다.

브랜딩 옵션 1위 블로그는 '검색'과 '신뢰'의 교차지점이다. 상단에 서는 순간, 비용 없이 유입이 시작된다.

타깃은 30~50대. 블로그는 여전히 검색 상단 노출을 통해 돈 안 들고 고객을 부르는 가장 좋은 채널이 될 수 있다. 네이버에서 상단에 걸리는 순간, 노출과 클릭이 밀려오고 매체 자체의 높은 신뢰도가 중개사무실 신뢰도로 전이된다. 지역 키워드와 매물·시세·부동산 정보 같은 다양한 정보를 잘 엮으면 문의율과 체류 시간이 자연스럽게 오른다.

브랜딩 옵션 2위 인스타그램은 완성도보다 '주기'가 중요하다. 꾸준함이 알고리즘을 만든다.

타깃은 20~40대. 이미지 기반이라 지속 업로드가 생명이다. 매물 사진, 현장 스냅, 짧은 릴스(Reels)로 리듬을 만든다. 한 번에 완벽하게 만들려 애쓰기보다 규칙적 업데이트로 알고리즘과 사용자의 기대를 동시에 잡는 편이 훨씬 효율적이다. 인스타그램은 이미지 기반이기 때문에 광고 그 자체를 소개하는 매체로 사용하기보다는 나와 우리 중개사무실을 브랜딩하는 데 쓰면 좋다. 예를 들면, 필자의 경우에는 계약이 나올 때마다 계약 완료 이미지와 내용을 간단하게 적어 올렸다. 고객들에게 연락이 오기 시작했다. **"계약을 되게 많이 하시는 중개사무실인 것 같아서 믿을 수 있을 것 같아 연락을 드렸어요"**라고 연락이 온다.

개인적인 내용은 올리지 않는 것이 좋다. 맛있는 음식 사진, 당신이 다녀온 여행 공간 사진 이런 것은 비즈니스에 도움이 되지 않는다. 차라리 중개사무실에서 열심히 일하고 있는 모습을 사진으로 찍어올리는 것은 좋다.

브랜딩 옵션 3위 유튜브는 '만나기 전 신뢰'를 만든다. 신뢰가 앞서면 전환은 따라온다.

타깃은 전 연령층. 제작 시간이 많이 들고, 얼굴·목소리 노출 부담도 있다. 그럼에도 전환율은 가장 압도적이라 할 수 있다. 영상으로 당신의 톤, 정보력, 태도가 전달되면, 시청자는 이미 1차 신뢰를 쌓은 상태로 당신을 찾아온다. 대면 후 신뢰를 쌓는 게 아니라 만나기 전에 이미 1차 신뢰가 쌓인다. 80% 이상의 신뢰를 가지고 당신을 만나러 오는 고객에게 계약의 확률을 기하급수적으로 올라간다.

콘텐츠 주제는 '주변 상권 분석' '지역 시세 분석' '투자 인사이트' 같은 정보형이 유효하다. 유튜브로 연락이 오는 고객들은 상당히 우량 고객들이 많다. 어느 정도 자산을 이룬 고객들이 "어떤 공인중개사와" 거래를 할 것인지를 자신이 선택하는 차원으로 유튜브를 보는 경향이 높기 때문에, 유효고객의 수준에 차별성이 생기고, 우량 고객이 모인다.

필자는 실제로 〈담백한경제이프로〉라는 채널을 운영 중(구독자 약 1만 명)이다. 유튜브가 커질수록 문의도 많아지고, 1차 신뢰가 확보된 고객과의 미팅이 이어진다. 비율적으로는 계약 성사율이 높은 편이다. 퍼스널 브랜딩의 수단으로도 최적이다. 결론은 간단하다. 유튜브는 반드시 해봐야 한다.

브랜딩 옵션 4위 카카오채널은 문의 허들을 낮추고, 문의 빈도는 높인다. 대화창이 곧 영업창이다.

비즈니스 카카오채널을 열면 문의 창구가 하나 더 생긴다. 고객은 댓글보다 1:1 채팅에 더 쉽게 손을 댄다. 네이버에는 톡톡 파트너 센터가 있다. 네이버 부동산과 연동해 쓸 수 있으니 반드시 켜두는 게 좋다. 검색 → 즉시 문의로 이어지는 동선이 짧아진다.

비중을 살펴보면, 카카오채널은 어떤 매체이든 간에 다른 브랜딩 옵션을 통해 당신을 알게 된 사람들의 유입이 높고, 네이버 톡톡은 네이버 부동산에 게시된 광고를 보고 그 광고를 문의하는 사람들의 유입이 높다. 약간의 차이가 있기 때문에 2가지를 동시에 모두 하는 것을 추천한다.

이 외에 보조 채널로 틱톡, 스레드, 네이버 카페가 있다.

틱톡은 초단기 노출, 스레드는 짧은 텍스트 소통, 네이버 카페는 커뮤니티 침투에 유리하다. 메인 4개(블로그·인스타그램·유튜브·카카오채널)를 탄탄히 돌리면서, 보조 채널은 상황과 역량에 맞춰 선택적으로 얹는다. 보조채널은 크게 중요한 수단은 아니다. 필자는 이 책에 브랜딩 옵션들을 어떻게 개설하고 운영하는지(How-to)를 다루지는 않는다. 무엇이 필요한지(What) 책으로 정리했으니, 배우는 일은 별도 오프라인 강의로 만들 예정이다. 양이 너무 많아서 책에 담자면 책으로 낼 수 없을 정도로 첫 시작은 복잡할 수 있다. 그러나 할 수 있다는 자신감을 가지자.

간단한 것부터 해보자. 예를 들면, 인스타그램이 그렇다. 너무 어려운 것부터 하다 보면 지쳐서 모든 것을 손에서 놓아버릴 수 있다. 그다음은 블로그, 그다음은 유튜브 이런 식으로 말이다. 과정은 어렵지만, 정보가 쌓이고 브랜딩 구조가 견고해질수록, 그 효과를 체감하고 하길 잘했다는 생각이 들 것이다.

고통 없는 결과는 없는 것이다. 과정을 생각하지 말고 그냥 해라, 그러면 그냥 결과만 남아 있을 것이다. 나이와 핑계는 변수일 뿐, 성과의 본질은 학습과 실행의 양이다.

[임장 체크리스트] 현장이 말해주는 것을 기록하라

임장은 한 번에 끝내는 것이 최선이다. '배수구가 어디였지?' 같은 의문이 드는 순간, 2차 임장은 사실상 의무가 된다. 시간 여유가 있을 때는 재임장도 도움이 되지만, 매우 급한 브리핑 앞에서 기억이 흐릿하면 그만큼 답답한 일도 없다. 서류 점검과는 별개로, 현장에서 반드시 확인해야 할 항목을 업종별로 정리한다. 기록은 사진·영상·메모·도면까지 될 수 있으면 마무리하는 것을 원칙으로 삼자.

공통 임장 루틴(권장 동선)

임장할 때는 입구/외관 → 공용부(주차·엘리베이터·복도·화장실) → 전용부(평면·설비·마감) → 외부·접근성(역·정류장·주차 진·출입) → 주변 환경(소음·냄새·유해시설)순으로 진행한다.

임장할 때 달랑, 건물만 보고 오는 직원들이 많이 있다. 주변에 어떤 유해시설이 있고, 어떤 선호시설이 있는지 등을 알아야 상권을 설명하는 데 있어서 유리한 고지를 점할 수 있다. 건물을 임장하러 갔다고 해서 건물만 보고 오는 것은 1차원적 임장이다. 반드시 주변의 상권도 함께 임장할 것을 추천한다. 현장 촬영은 반드시 필수다. 내부 구조를 상세히 촬영해 파일별로 태깅하고 바로 올린다.

사진 촬영 파일 업로드 예시

이름	수정한 날짜	유형
0000.사업자등록증	2022-01-18 16:32	파일 폴더
000.도면	2024-01-05 16:12	파일 폴더
0001.국회,여의도,마포,공덕,서울역, DM...	2023-06-28 10:19	파일 폴더
0002.시장,문래,구청,당산,선유도,양평	2024-01-05 16:38	파일 폴더
0003.고척,오류,구로,신도림,영등포,신길,...	2024-01-05 16:17	파일 폴더
0004.신림,봉천,서울대,사당, 이수, 내방	2023-09-20 11:18	파일 폴더
0005.신풍,보라매,신삼,남성	2023-11-17 15:06	파일 폴더
0006.구디대림신대방	2023-07-21 16:09	파일 폴더
0007.남구로, 독산,금천,가산	2022-09-22 11:41	파일 폴더
0008. 오목교~우장산, 염창~ 신정네거리	2023-10-13 18:04	파일 폴더
0009. 부천, 인천	2022-05-11 16:38	파일 폴더
00010. 분양, 신축상가임대자료	2022-09-16 10:12	파일 폴더
00011. 홍대, 합정, 신촌, 아현, 서강대	2023-12-26 17:07	파일 폴더
00012. 기타	2023-10-30 12:14	파일 폴더
00013.용산	2023-02-27 15:48	파일 폴더

출처 : 저자 제공

주거용 체크포인트

채광·향 : 거실과 수면 공간 기준 채광과 향(남향 선호, 핸드폰 나침반 활용)

기본 옵션 : 시스템에어컨, 빌트인 가전 등

설비·하자 : 배수구 위치·배수 테스트, 결로·곰팡이·누수 흔적

출입·E/V : 엘리베이터 유무·대수, 현관문 보안 여부

주차 : 세대당 가능 대수, 지상/지하 구분, 월주차 가능 여부

관리 : 관리비 범위(포함/제외 항목)

업무용(오피스) 체크포인트

향·빛 : 사무실은 북향 선호(모두 그런 것은 아닙니다.)

구조·마감 : 기둥 간격(레이아웃), 텍스(석고보드 천장) 상태, 층고

인프라 : 시스템 공조(개별/중앙, 냉난방 용량·가동 시간), 환기설비, 액세스 플로어(유·무)

화장실 : 남녀 분리 여부, 층 공유/전용

주차·교통 : 월주차 단가, 방문객 처리, 화물차 진입 동선

안전·법정 : 스프링클러, 피난구·유도등

상업용(상가) 체크포인트

접근성 : 1층/코너/집객 동선, 가시성(전면 유리 폭·간판 설치 가능 면, 간판 높이 제한)

E/V·무장애 : 승강기 유무, 장애인 엘리베이터·경사로, 문턱 제거 가능성

천장·층고 : 노출 천장 가능 여부, 설비 간섭 포인트, 실사용 층고 실측

공조·전력 : 냉난방 설비 사양, 추가 전력 증설 가능 용량(분전함 용량·여유 차단기)

급배수 : 주방 배수구, 급수 배관 위치·배관경, 추가 설비 인입 가능성

가스 : 도시가스 유입 여부·미터 위치·용량

위생 : 남녀 화장실 분리·장애인 화장실

안전 : 스프링클러, 소화전·비상구

리스크 : 유해시설(장례식장·철길·고압선 등) 근접성, 유동인구

한 번의 임장으로 끝내려면 절차가 답이다. 동선은 동일하게, 기록은 표준화해, 누락 가능성을 시스템으로 줄여라. 그렇게 쌓인 자료는 브리핑의 밀도가 되고, 밀도는 곧 신뢰가 된다. 반드시 첫 임장에서 모든 것을 다 알아야 하는 것은 아니다. 독자 여러분들이 계약을 진행하면서 반드시 고객의 입에서 질문으로 나오는 것들을 나열한 것이니 첫 임장에서 확인되지 않았다고 상심하지 말길 바란다. 계약 성사에 가까워질수록 앞의 내용을 하나하나 추가로 확인해주면 된다. 모르고 알려주지 못하는 것과 알고 있으면서 순차적인 안내를 하는 것은 다른 문제다.

[오프라인 물건관리 장부]
기억이 아니라 체계로 응대하라

　물건관리 장부를 만들지 않으면, 전화 한 통, 워킹 손님, 현장 미팅에서 즉시 응대 시스템이 무너진다. 머릿속에 든 물건만으로 브리핑하는 데는 한계가 있다. 고객은 몇 마디 나눠보면 '여기 물건이 없구나'를 감지하고 전화를 끊거나 발길을 돌린다. 초보라 해도 고객 앞에서는 전문가처럼 보여야 한다. 우리는 자격을 갖춘 전문 자격자다.

　규모 큰 중개법인이라면 매물관리 시스템이 잘 갖춰져 있겠지만, 대부분 1인·소형 사무실은 직접 장부를 만들고 돌려야 한다. 장부는 화려할 필요 없다. 고객이 실제로 '묻는 말'에 막힘 없이 답할 수 있게 구성하면 끝이다.

　기억은 배신하지만, 장부는 축적된다. 장부 없는 영업은 우연이고, 장부 있는 영업은 시스템이다. 고객이 꼭 묻는 말로 설계하라. 장부의 필드는 이론이 아니라 질문 목록에서 나온다.

고객의 첫 질문은 대부분 이렇다.

"언제 지어진 건물이죠?"
"가장 가까운 역은 어디예요?"
"용도는 뭔가요?"
"임대평수와 전용면적은요?"
"주차는 기계식/자주식 중 뭐죠?"
"렌트프리는 어느 정도 가능할까요?"
"난방은 개별?"
"엘리베이터(E/V) 있나요?"

필자는 업무용 부동산을 전문으로 하고 있어 예시를 이렇게 들었지만, 어떤 부동산을 취급하든 장부의 필드는 고객의 질문에서 나온다.

이 질문을 그대로 장부의 핵심 필드로 만든다. 첨부 이미지처럼 아래 항목을 기본으로 깔아두면, 전화·미팅에서 거의 막힐 데가 없다.

매물장 관리

출처 : 저자 제공

식별·분류 : 지역, 매물번호(Sheet NO)
입지·기본정보 : 건축년도, 역, 구/동, 빌딩명, 번지, 용도
면적·층정보 : 임대평수, 전용, 전용률, 해당층/전체층
금액 : 보증금, 임대료, 관리비, 임+관(합계), 평당가
운영조건 : 주차(대수/방식: 기계/자주), 렌트프리, 난방(개별/중앙), E/V 유무

지역 칼럼을 두는 이유는 엑셀에서 지역별로 빠르게 그룹화하려는 것이고, 매물번호를 두는 이유는 광고·통화 응대 때문이다. 특히 네이버 부동산 광고 문구에 '매물번호 0000'을 넣어두면, 전화가 오자마자 "매물번호 불러주세요" 한마디로 정확히 같은 물건을 동시에 보며 응대할 수 있다. 경력이 쌓이면 금액·평수·위치만 들어도 대략 감이 오지간, 초보라면 반드시 고유번호 체계를 써라. '헷갈림'이 사라지고, 응대 속도가 올라간다.

예를 들어 고객이 이렇게 묻는다.
"당산역 쪽에 30평대, 월 200만 원 전후 물건 있을까요?"
머릿속을 뒤지지 말고, 장부를 열어 필터를 건다.
'역 : 당산/선유도/임대평수 : 20~30평대/임대료 : 150~250만 원'
조건에 맞는 라인이 몇 개 뜨면, 곧바로 핵심 값(층/전용/주차/임+관/엘리베이터)을 읽어주고 대안 2~3개까지 제시한다. 이 타이밍에 고객은 '준비된 곳'이라는 사실을 체감한다.

장부는 '작성'이 아니라 '운영'이다. 쓰는 시간이 아니라, 쓰고 나서 빨라지는 시간의 이득을 확보하는 작업이다.

그날 상담 예정 고객의 필수 조건을 장부에서 미리 북마크/색상표시 해두면 미팅에 사용하는 사전 시간이 현저히 줄어든다. 동선에 맞춰 후보 3~5개를 뽑아 한 장 요약하고, 출력한 뒤 고객에게 전달한다. 그 한 장의 제안서가 당신의 신뢰도를 한 층 더 업그레이드시킬 것이다.

브리핑 제안서 예시

■ 마케팅홍보관련회사 사무실 제안서			
1. 제안사/연락처 : 마케팅홍보관련회사			
2. 입주시기 : 미정			
3. 평수/특이사항 : 50평내외			

빌딩명		① 더레드빌딩	② 양평자이비즈	③ 고암빌딩
준공 / 역		2007.04	1995.02	1997.04
주소		선유도역	영등포구청	당산역
해당층/총층		6층전체	902+903+904호	4층일부
전용/확장		48평	43평(확장시50평)	60평
보증금 (원)				
임대료 (원)				
관리비 (원)				
합계 (임+관)				
주차	기본	2대	2대	2대
	추가주차	협의	가능 1대	가능 / 대수협의
	내방	가능 / 무료	1시간 500원	가능 / 무료
	재원	기계식(SUV가능)	자주+기계	자주식+기계식
비고	시스템 냉난방기	3대	6대	
	인테리어	공실상태	풀인테리어제공 (발코니확장, 가벽철거 포함)	공실상태
	렌트프리	협의	1개월(추가협의)	협의
	입주시기	즉시	즉시	즉시

4. 담당자 : 투데이부동산중개법인
5. 기타 정보 :
이소연대표

투데이부동산중개법인(주)
TODAY TRUSTED ADVISOR

출처 : 저자 제공

매물 확인 작업을 통한 매물 확보 후에는 대화한 매물에 변동사항/특이사항 등을 짧게 메모해두는 것도 방법이다. 예를 들면, 이 건물에만 있는 특별한 옵션이나 특징들을 적어두면 헷갈릴 염려 없이 다음 고객을 맞이할 수 있다.

수백·수천 개 건물을 머리로 외우는 건 불가능하다. 그러니 반드시 메모하고, 장부로 막힘 없는 응대를 준비해라. 한번 통화/미팅을 가진 물건은 뇌리에 박히지만, 다음 통화를 '엊그제 느낌'으로 때우면 바로 들킨다. 현장 나가기 전, 장부만 꼼꼼히 훑어도 고객의 니즈에 맞는 제안 정확도가 달라진다. 초보일수록 더 그렇다. 시간을 쪼개서라도 물건관리 장부는 무조건 만들어라.

장부는 브리핑 스크립트이자 검색엔진이다. '지역 + 매물번호'로 찾기 쉬움을 확보하고, 고객 질문 그대로 필드를 설계해 10초 필터 응대를 루틴화하라. 그 순간부터 상담이 달라지고, 계약의 전환율이 달라진다.

초보일수록 '폼'보다 '정확도' 멋은 정확도에서 나온다. 빨리 말하는 것보다 틀리지 않는 게 먼저다. 초보에게 장부는 선택이 아니라 생존 장치다. 지금 당장, 기본형부터 만들어 돌려라.

[온라인 물건관리 장부]
지도 위에서 바로 제안하라

현장은 초 단위 판단의 세계다. 엑셀을 펼칠 시간 대신, 지도 위 장부로 바로 답하라. 온라인 장부의 가치는 '즉시성'이다. 한눈에 보이고, 한 번에 설명되면 이긴다.

온라인 물건관리 장부를 만드는 이유는 단순하다. 현장 미팅 중에는 시간이 없다. 고객과 걷고, 건물 앞에 서고, 동선을 바꾸는 그 순간에 노트북을 열어 오프라인 엑셀에 필터를 일일이 거는 건 현실적으로 불가능하다. 그래서 지도를 장부로 바꿔야 한다.

카카오맵의 즐겨찾기는 그 역할을 정확히 수행한다. 다음 자료에서처럼 핀(★)이 수두룩하게 박혀 있으면, 그 자체가 바로 현장형 물건 카탈로그가 된다. 고객이 원하는 위치·가격대를 말하는 즉시, 지도 위에서 가장 가까운 대안을 꺼내 보여줄 수 있다.

오프라인(엑셀) 장부에 정리해둔 물건을 카카오맵 즐겨찾기로 옮긴다.

핀을 꽂고, 제목과 메모에 핵심요소만 적는다. 이때 핵심요소는 독자들이 가장 중요하다고 생각하는 부분을 적으면 된다.

건물명, 임대가격, 연락처

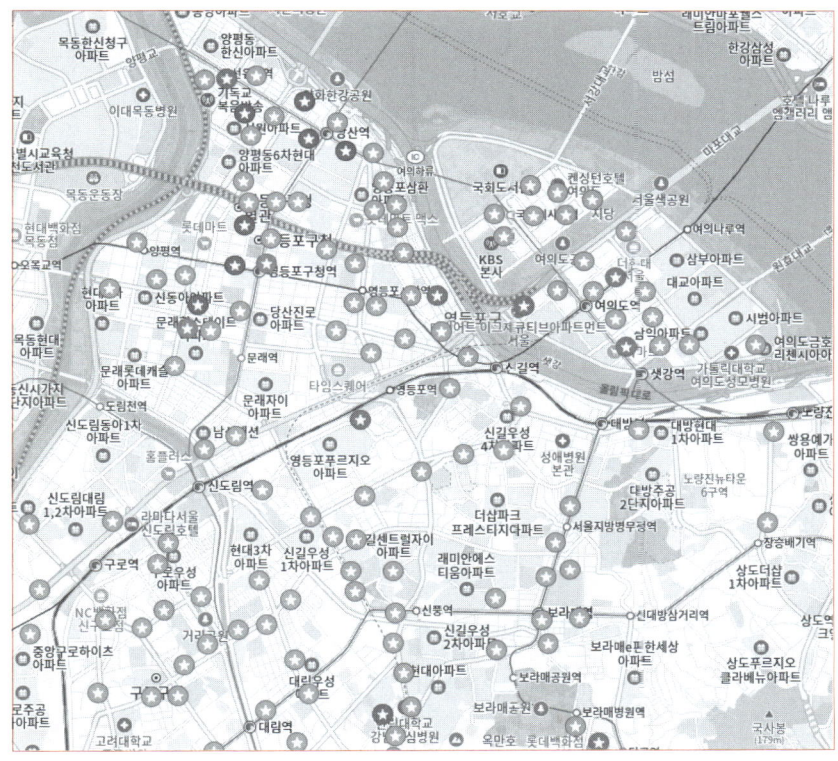

출처 : 카카오맵

즐겨찾기 폴더를 추가할 수도 있다. 예를 들어 지역별/역세권별/용도별(주거·사무·상가) 등으로 폴더 분류를 해두면, 현장에서 후보군이 빠르게 정리된다. 폴더링하는 방법은 본인에게 가장 적합하고 유용한 방식을 선택하길 바란다.

모바일에서 한눈에 읽히도록 한 줄 요약해서 적는다.

[예시] 시크릿빌딩_02-XXXX-YYYY_30평_보2000·임150(관포200)_하시

'**현장에서 사용하는 지도는 곧 제안서다.**' 고객이 "이 라인 측에 물건이 없을까요?"라고 말하는 즉시, 그 라인(역세권/대로변/이면도로)에 박힌 즐겨찾기 핀을 따라가며 가까운 순서대로 제안한다. **현장에서 자료 없이 끊임없이 제안할 수 있는 '온라인 장부'는 고객에게 큰 신뢰를 만든다. 멈추지 않고 제안하면, 고객은 '당신을 준비된 사무실'로 기억한다.**

그만큼 온라인 장부의 핵심은 '최신성'이다. 최신이 아니면, 없는 것과 같다. 업데이트의 루틴을 계속해서 유지해야 한다. 고객에게 제안할 수 있는 속도는 '온라인 장부'의 최신성에서 비롯되는 것이기 때문이다. 필자의 경우에는 즐겨찾기에 전화번호만 기재해놓는다. 건물만 봐도 그 건물에 어떤 물건이 있는지 기억이 나기 때문이다. 어떻게 그것이 가능할까? 바로 직접 '임장'했기 때문이다.

온라인 장부가 좋다고 무작정 즐겨찾기에 핀을 꼽는 게 능사가 아니다. 아무리 핀을 꽂아본다 한들 자신이 가보지 않은 건물은 고객에게 절대 제안할 수 없다. 아니 제안하지 않게 된다. 당신 자신도 그 건물에 대한 정보가 없고, 어떠한 상태인지 본적이 없는 건물을 제안하는 경우는 흔치 않다. 하다못해 사진으로라도 본 물건을 제안하게 되어 있다. 그래서 오프라인 장부든, 온라인 장부든 간에 임장은 필수다.

반드시 기억해라. 당신이 '임장'하지 않은 건물은 절대 제안할 수 없다는

것을.

　본인의 방식으로, 그러나 일관성을 지켜라.

　핵심요소를 추가하라, 건물명 / 임대가격 / 연락처 (예시)

　최신 업데이트를 습관화하라, 끊김 없이

오프라인 장부 = 정확도, 온라인 장부 = 속도. 둘을 연결하면, 현장에선 끊김 없는 제안, 사무실에선 정확한 브리핑이 완성된다. 그 순간 온라인 지도는 더 이상 지도에 머물지 않고, 내 손 안의 '시크릿북'이 된다.

즐겨찾기 등록방법

첫 번째 화면과 같이 원하는 건물을 클릭하면 건물의 이름 등의 간단한 정보가 나온다. 둘째 화면에 화살표에 표시된 가장 왼편 네모모양을 클릭하면 즐겨찾기를 등록할 수 있는 그룹선택이 나타난다. 그룹을 새로 추가해도 되고, 기본그룹을 클릭해서 즐겨찾기 저장, 첫째 칸에 원하는 내용을 적고 저장을 하면 노란 별표 즐겨찾기가 체크가 된다.

즐겨찾기 등록방법 예시

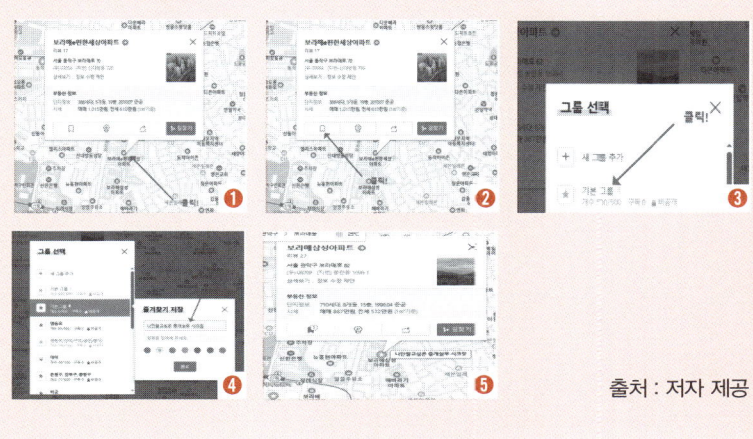

출처 : 저자 제공

물건 확보 루틴 만들기, 매일 반복이 억대 매출을 만든다

'하루를 설계하라.' 물건은 한 번의 번뜩임이 아니라 '반복'에서 나온다. 루틴이 없으면 물건도 없다.

물건 작업은 매일 해야 한다. 전 장에서 만든 매물장(오프라인 장부)을 비워두지 않겠다는 마음으로, 임장은 선택이 아니라 의무다. 머릿속 감(感)으로 버티면 어느 순간 공백이 들킨다. 장부를 채우는 가장 확실한 방법은 발로 걷는 것이다. 매일 걷는다. 그 루틴이 당신을 억대 연봉 공인중개사로 만들어줄 것이다. 의외로 이 간단한 루틴을 지키지 못해서 계약이 나오지 않는다는 것을 공인중개사 대부분이 캐치하지 못한다. '게으르지 않음' '정석의 루틴화'는 중개업을 성공으로 이끄는 열쇠다.

시작은 의도적으로 어슬렁어슬렁 산책을 하자. 그 목적은 단순하다. 우리 중개사무실 주변 1층 라인에 어떤 업종이 들어와 있고, 어떤 간판이 바뀌었고, 어디가 공실인지 눈으로 익히는 것이다. 어슬렁어슬렁 산책은

2~3일이면 족하다.

그 이후로는 목적을 가지고 지역을 나누고 지역별 건물답사를 진행한다. 처음 입사해서 직원들이 긴장하고 있을 때 산책이라도 다녀오라고 무언가라도 시켜주면, 마음 편안해할 것이다. 어느 정도 긴장도를 낮추어준 이후에 본격적인 임장 활동에 돌입하자. 임장 활동의 목적은 너무도 간단하다. 고객이 상권을 물었다. 그것도 우리 사무실 반경 300m 이내에 있는 건물을 물었다. 당신은 대답이 막혔다. 그러면 그 대화는 끝이다.

어떤 건물에 어떤 업종이 들어와 있고, 어느 시간대에 가장 정점을 찍으며, 유동은 어느 시간에 가장 많고, 건물마다 보이는 공실 상태 현황은 어떠하며, 어디가 현재 공사를 하는 현장인지를 알아야 고객과의 첫 만남의 신뢰를 만든다.

그 이후 어슬렁어슬렁 산책이 마무리되었다면, 이제 정말 돈 되는 임장을 해야 한다. 해당 지역의 핵심상권과 안정상권, 보조상권을 분리하고 핵심상권부터 3개 정도의 동심원으로 나누어 임장을 시작한다. 우선 현장 임장에 앞서 사무실에서 지도에 갈 곳을 즐겨찾기 등록해 정한다. 특정 매물을 임장하고 로그(Log)를 기록하는 일은 기본이며, 초보 공인중개사 때는 특히 상권분석에 상당히 집중해야 한다. 주변의 있는 지하철 출구, 대형마트, 관공서, 학교, 병원, 대형오피스 지역을 중심으로 상권분석을 하면서 핵심상권, 안정상권, 보조상권을 구분할 수 있어야 한다. 매물 임장과 상권 임장을 동시에 해야 한다.

[예시] 지도를 3개의 동심원으로 나눈다.

- 핵심상권(도보 3분 ≒ 200m) : 바로 돈 되는 구역 / 초역세권 / 유동성 최상 위지역 등
- 안정상권(도보 7~10분 ≒ 500m) : 꾸준한 수요 / 준역세권 / 배후상권 우수 지역 등
- 보조상권(도보 15분/차 5분 ≒ 1km) : 확장·대체 수요 / 임대료 매력 / 퀄리티 상승 등

지도 앱에서 3개의 동심원을 머릿속에 그려두고, 메모는 이 구분대로 적는다. 자신감은 '나만의 지도'에서 나온다. '나만의 지도'가 넓어질수록, 내 시장도 넓어진다.

임장은 우리 중개사무실이 있는 동에서 시작해 인접 동·구로 원(圈)을 넓혀가는 게 가장 효율적이다. 예를 들어, 투데이부동산중개법인 영등포점(양평동 4가) 기준 확장 동선 → 양평동 4가 → 당산동 6가 → 당산동 5가 → 양평동 3가 → 당산동 3가 → 문래동 → 여의도동으로 이어지는 임장 같이 말이다. 한 지역에서 말문이 술술 트일 만큼 자신감이 생기면, 그다음 지역도 놀랄 만큼 수월해진다. '잘 아는 구역'이 늘수록 제안의 정확도와 속도가 같이 오른다. 임장은 '오늘 다녀온 건물을 당신의 매물장에 적는 것'까지가 임장이다. 미루는 순간, 데이터는 증발한다. 데일리 루틴을 당신만의 방식으로 운영해보자.

임장 시간은 개인의 역량에 따라 조절한다. 때로는 그날의 컨디션과 스

케줄에 따라 달라질 수도 있다 무조건 몇 시에 몇 시간을 돌겠다는 계획이 늘 맞아떨어지지는 않을 것이다. 다만 그 루틴을 지키기 위해 노력해야만 한다.

오전 타임(사전 스캔, 시간 계획은 개인의 역량에 따라 조절한다)
지도 알림·플랫폼 공실·현수막 변경 포착 → 오늘 갈 리스트 5~8개 뽑기 → 장부에 임장 목표 체크한다.

오후 타임(현장 임장, 시간 계획은 개인의 역량에 따라 조절한다)
1층 라인 쭉 걷기 → 관리소장/경비 접촉 → 현장·연락처·층/면적/주차 등 확인 → 사진·메모로 즉시 기록한다.

저녁 타임(정리·입력, 시간 계획은 개인의 역량에 따라 조절한다)
그날 일을 매물장에 즉시 반영(금액·상태·연락처·비고) → 카카오맵 즐겨찾기에도 동기화(건물명/임대가/연락처 한 줄 요약)한다. 그날 본 건은 그날 쓴다. 밀리기 시작하면 끝이 없다. 말 그대로다. 현장은 기억의 왜곡이 빠르다.

매물장에는 최소 이 5가지를 반드시 남겨라.

주소/건물명, 면적(임대/전용)·층, 보·임·관(합계)·평당가, 주차/엘리베이터/난방/렌트프리, 연락처/담당자/특이사항

현장 임장 시 사진촬영 : 외관 전면 / 로비·엘리베이터 / 임대문의 표식

/ 내부 컷 / 화장실 컷 / 옵션 컷 / 인테리어 컷 등 다양하게 촬영하고 사진을 보관하자.

매물번호(Sheet No.) : 지역코드+숫자. 네이버 광고에 '매물번호 0000'을 넣어 전화 응대 즉시 매칭할 수 있다. 장부는 '정확도', 지도는 '속도'. 이 2가지를 하루 1회라도 맞춰두면 현장 제안이 끊기지 않는다. 주간 점검 일주일 임장 완료 건 재확인 → 가격 변동/상태 변경 반영 → 다음 주 임장 라인 업데이트하면서 말하지 않아도 자연스럽게 생기는 루틴과 같은 계획이 만들어진다.

[예시]
"임대 라인 변동 없었나요? 대기 손님 있어서 빠르게 여쭙습니다."
"피크타임 피해 짧게 여쭤볼게요. 중·장기 임대계획 있으시면 시장가만 안내해드릴게요."

임장은 사무실 부근 → 인접 지역 → 인접 지역 확장으로 넓히고, 그날 본 건은 그날 장부와 지도에 입력한다. 다음 날 아침에는 전날의 리스트가 오늘 제안서가 된다. 이 반복이 쌓이면, 어느 순간부터는 물건을 찾는 손이 아니라 물건을 고르는 손이 된다.

루틴은 재능을 이긴다. 오늘 걸었고, 오늘 적었다면 이미 반은 이겼다. 결국 루틴이 매출이 된다.

PART 6

고객 미팅은 대화가 아니라 리드(Lead)다

대화로 니즈(Needs)를 끌어올리고
자연스럽게 리드하라

첫 통화는 계약의 절반이다. 목소리, 자신감, 그리고 질문능력이 결과를 만든다.

광고 중개사무실이든, 로드 중개사무실이든 고객과의 미팅 중에 가장 중요한 미팅이 첫 통화다. 고객이 처음 우리를 만날 때 유선 전화로 만나면 목소리에만 집중하게 되기 때문에 목소리 톤과 자신감이 매우 중요한 요소로 작용한다. 우리들끼리는 평소 목소리에 한 톤 올린 옥타브로 대화를 하라고 이야기하곤 한다. 거기에 모르는 것이 있더라도 큰 소리로 자신 있게 이야기해야 한다. 당신이 고객에게 소개할 물건에 자신이 없으면 그 어떤 고객이 당신을 믿고 그 물건을 신뢰하겠는가? 자신감은 기본 장착이다. 필자는 여기에 고객과의 첫 통화에 반드시 파악하는 니즈가 있다(이 니즈는 본인이 취급하는 업종에 따라 달라질 것이다. 고객이 가장 많이 반복해서 질문하는 Top 5를 말한다고 보면 좋다).

'입주시기, 월세예산, 주차, 역세권, 인테리어'

보통 일반적으로 처음 전화 주신 고객들의 경우에는 본인이 원하는 월세에, 원하는 인테리어, 원하는 역세권 거리에 매물을 본인이 원하는 시기에 입주할 수 있기를 희망한다. 한마디로 모든 조건을 충족하는 완벽한 물건을 원한다. 아니 그런 물건이 있는 줄로만 안다.

고객의 잘못이 아니다. 눈높이의 기준이 아직 잡히지 않았을 뿐이다. 하지만 안타깝게도 그런 조건을 모두 만족하게 하는 경우의 수는 거의 없다. 만약 그런 물건들이 차고 넘쳤다면, 계약을 못 하는 공인중개사가 없을 것이고 필자는 이미 알부자가 되어 있어야 맞다. 고객의 니즈에 물건을 맞추기도 하고, 물건의 조건에 고객의 니즈를 맞추기도 하는 등 조율을 하는 것이 공인중개사의 업무다.

어떤 공인중개사는 이런 완벽한 물건을 찾는 고객에게 혀를 차며 무시하고 전화를 끊어버리곤 한다. 그 공인중개사는 중요한 한 가지 포인트를 간과했다. 고객은 왜 우리 중개사무실에 전화했을까? 중개업, 아니 중개 영업의 특징은 아무런 의사가 없던 고객에게 우리의 물건을 사라고 제안하는 콜드 세일즈(Cold Sales)가 아니라는 점이다. 우리 중개사무실에 전화한 그 고객은 적어도 50% 확률로 계약을 희망하는 고객이었을 것이다. 다만 본인의 눈높이를 아직 찾지 못했을 뿐이다. 고객에게 짜증을 내며 전화를 끊는 공인중개사라면 당신은 계약을 한 개 버림과 동시에 중개업과 거리가 멀어지는 루틴을 만들고 있는 것이다. 다만 초보 공인중개사에게는 허락될 수 있는 실수라 할 수 있다. 모든 조건을 충족하는 완벽한 물건이 있을 것으로 생각하는 것은 고객의 잘못이 아니다.

비타협 조건 2가지를 끝까지 끌어올린다. 고객의 마음에는 언제나 '절대 포기하지 못할 조건'이 있다. 그것을 캐치해야 길이 보인다.

꼭 2가지가 아니어도 좋다. 고객마다 나름의 희망 조건들은 있지만, 그중에서도 너무나 중요한 몇 가지의 포인트를 가지고 있다는 공통점이 있다. 다 가질 수 있으면 너무나도 좋겠지만, 절대 포기할 수 없는 조건, 그 포인트를 찾아내야 한다는 것이다. '만약 이것을 포기해야 한다면 이것만은! 그것도 포기해야 한다면 저것만은!'라는 니즈에도 순위가 존재한다. 필자는 통화하면서 고객에게 가장 중요하게 생각하는 포인트를 보통 2가지 정도 캐치해내고자 노력한다. 순위를 매겨보는 것이다.

"저는 월세는 좀 더 내도 되는데 인테리어는 반드시 되어 있어야 해요."
"저는 주차는 좀 불편해도 월세가 좀 저렴했으면 좋겠어요."

이렇게 대화를 나누다 보면 고객의 원하는 조건에 순위를 매길 수 있다. 우리는 그 조건의 니즈를 파악해야 한다. 필자는 이 조건이 캐치되기 전까지는 될 수 있으면 전화를 끊지 않고 통화를 이어가려고 노력한다.

많은 공인중개사가 이런 부분에서 실수를 한다.

고객 : 이 매물 얼마예요?
공인중개사 : 네, 보증금 5,000만 원에 월세 250만 원입니다.

고객 : 네, 감사합니다. 볼 수 있을까요?

공인중개사 : 네, 가능합니다. 매물지 앞에서 뵙겠습니다."

이렇게 대화를 마무리 짓는 경우다. 이런 대화는 잘못된 방법이다. 무엇이 잘못되었다는 것일까? 현장에는 수많은 물건이 존재하고 다양한 특징들을 가지고 있지만, 고객들은 그 매물에 특장점을 정확히 알지 못한다.

고객이 어떤 조건의 매물을 찾는지도 모른 채 전화를 끊고 현장 미팅을 하는 것은 의사가 고객에게 어디가 아픈지 듣지도 않고 약을 지어주는 격이다.

만약 고객이 식당을 한다고 했는데 그곳은 사무실이라 배수관이 없었다고 하자. 고객은 알 수 없는 정보다. 그 자리에서 바로 다른 물건으로 손님을 돌릴 수 있는 실력이 있는 베테랑 공인중개사라면 문제가 될 것이 없지만, 초보 공인중개사에게는 아직 그런 순발력을 기대하기는 쉽지 않다. 고객에게 더 이상 제안할 물건이 없을 때, 2차 미팅으로 이어지기 더욱 어려울 수도 있다. 게다가 공인중개사 스스로에게도 시간 낭비의 아무런 의미 없는 미팅이 되는 것이다.

고객과의 대화를 이어나가면서 할 수 있는 질문이라면, 어떤 업종인지, 입주는 언제인지, 직원들이 출퇴근을 보통 몇 호선을 많이 이용하는지, 직원은 몇 명인지, 대표님이 상주하는 사무실인지, 인테리어는 필요한지, 주차는 필요한지, 입주시기는 언제인지, 예상하는 월세 기준은 어느 정도인지 등 차고 넘친다. 하지만 반드시 물어야 할 질문들이다.

고객과의 첫 통화에서 자연스럽게 대화를 이어나가면서 이 정보들을 하나씩 얻어나가야 한다. 고객이 귀찮아하거나 꺼리는 경우도 있을 것이다. 경계심을 아직 풀지 못한 경우이기 때문에 자연스럽게 연결되는 대화로 이어나가는 스킬이 필요하다.

공인중개사 : 아! 고객님 말씀을 들어보니, 보신 광고의 매물뿐만 아니라 추가로 보여드릴 수 있는 매물들이 생각이 나네요. 함께 보여드릴 수 있도록 준비하겠습니다.

이때 고객이 처음 보고 연락이 온 광고의 매물은 계약이 되지 않았다면 될 수 있으면 보여줘라. 본인이 어떤 이유에서든 마음에 들어서 보고 싶어 하는 매물이다. '이 조건이면 이 정도 월세를 지불해야 하는구나'라는 물건을 보는 기준이 생기기도 한다. 그리고 굳이 고객이 선택한 매물이 아니라고 보여주지 않으면서 고객에게 본인이 거절당했다는, 잘못 선택했다는 감정을 갖게 하는 것은 좋지 않다. 현장에서 유연하게 다른 매물로 유도하는 것이 좋다. 사실 경험상 광고를 보고 온 첫 매물로 계약이 되는 경우는 거의 없다. 여기서도 확실히 알 수 있듯이 고객은 본인 스스로 자신의 눈높이를 정확히 책정하지 못한다.

"그 매물은 계약이 되었습니다"라고 말하면 바로 전화를 끊으려고 하는 고객들도 적지 않다. '허위 매물이구나'라고 부정적인 인식을 하기 때문이다. 그렇기 때문에 "확인하고 보신 물건과 함께 추가로 보실 물건 준비하겠습니다" 정도로 이어가는 것이 좋다.

고객 미팅에서 즉시 대응하려면, 자신만의 스크립트를 마련하는 것이 좋다. 종이에 직접 적어 소리 내어 읽어 보고, 가능하다면 동료와 역할극을 하며 입에 붙도록 연습하라.

부끄러워할 이유가 없다. 고객 앞에서는 머뭇거림이 곧 신뢰의 손실이다. 스크립트를 갖춘 사람과 그렇지 않은 사람의 차이는 긴장도가 높은 순간일수록 더 뚜렷하다. 물론 실제 대화가 스크립트대로 흘러가지는 않는다. 그럼에도 준비된 문장, 핵심 키워드, 질문 한두 줄만 있어도 대화의 흐름을 다시 잡을 수 있다. 당황스러운 질문이 들어와도 준비해둔 문장으로 숨을 고르고 방향을 바꿀 여지가 생긴다. 반대로 "귀찮다"라는 이유로 미루면, 현장에서는 백지 상태로 맞서야 한다. 부동산 중개업에서 가장 경계해야 할 적은 게으름이다. 해보고 나서 수정하면 된다. 처음부터 완벽할 필요는 없다.

예고 없이 걸려오는 첫 통화를 떠올려보라. 머리가 하얘지고 심장이 빨라지는 그 순간, 준비된 한두 문장이 있느냐 없느냐가 결과를 갈라놓는다.

"안녕하세요, ○○부동산 ○○입니다. 어떤 용도로 찾고 계시는지 먼저 여쭤봐도 될까요?" 같은 오프닝, "지금 말씀하신 조건을 기준으로 2가지 방향으로 정리해보겠습니다" 같은 유연한 대화의 흐름 유지, "방금 확인해보니 추가 정보가 있어 30분 내 다시 리포트 드리겠습니다" 같은 추가 백업 한 줄이 당신을 고객 앞에서 그저 당황하는 사람에게서 고객을 리드하는 사람으로 바꿔준다.

연습을 거친 스크립트 한 문장은 현장에서 당신의 침착함과 설득력을 지켜주는 가장 확실한 안전장치가 될 것이다.

'하자 고지'와 '부정 프레이밍(Negative Framing)'을 구분하라.

초보 공인중개사들이 자주 범하는 실수 가운데 하나는, 고객이 "이 물건을 보고 싶다"라고 연락해온 순간부터 그 매물을 부정적으로 프레이밍(어떤 사실이나 메시지를 부정적 관점으로 표현해 사람의 인식이나 판단에 영향을 주는 방식)하는 것이다. 무엇보다 먼저 확보해야 할 것은 1차 대면 미팅이다. 이런 부정 프레이밍이 1차 대면 미팅을 끌어낼 수 있을까? 고객이 고른 매물이 당장 니즈와 다소 어긋나 보이더라도, 그 사실을 근거 없이 깎아내릴 필요는 없다. 하자를 고지하는 일과, 개인적 취향이나 인상을 섞어 "A급이 아니다"라고 단정하는 일은 전혀 다른 차원의 행위다. 초기 통화에서 포착한 정보들을 차분히 정리하고, 현장에서 비교 제안할 '진짜 대안'들을 준비해 고객 앞에서 검증하듯 설명하라. 판단은 고객의 몫이다.

부정 프레이밍은 흔히 이런 문장에서 시작된다.
"조건은 맞지만, 너무 낡았습니다, 아마 별로이실 거예요." "신축이 아니라 예쁘지 않으니 마음에 안 드실 겁니다."

겉보기에는 배려처럼 들리지만, 실상은 공인중개사의 주관을 고객의 머릿속에 먼저 심는 일이다. 고객은 그 매물을 직접 본 뒤 오히려 "내 상황에 딱 맞는다"라고 느낄 수도 있다. 그때 당신은 조금 전의 말을 스스로 부정할 것인가, 아니면 고객의 확신을 흔들 것인가. 섣부른 한마디가 결정의 순간을 망치고, 결국 고객이 같은 물건을 다른 공인중개사를 통해 계약하는 장면을 어렵지 않게 보게 된다.

현장에서 가장 경계해야 할 태도는 매우 주관적이고 부정적인 인상을 사실처럼 말해버리는 일이다. 객관적 사실, 등기부등본·건축물대장 정보, 전용면적과 층고, 채광과 소음, 주차 가능 대수, 공조·버수·전기 용량, 관리비 구성, 접근 동선을 차례로 제시하고, 장단점을 정밀하게 균형 있게 설명하라. '하자 고지'는 법과 신뢰의 문제이고, '취향 평가'는 고객 권한이다. 특히 니즈와 우선순위를 아직 충분히 파악하지 못한 초반에는 감상을 배제하고 데이터로 말하는 편이 압도적으로 안전하다.

흥미로운 역설이 있다. 초보 공인중개사들은 무엇이 장점이고 단점인지 분별이 서지 않아 대체로 열린 태도를 유지한다. 이 순수한(?) 개방성이 오히려 계약을 잘 나오게 만든다. 반대로 경력 3개월쯤 지나 '자신의 기준'이 굳기 시작하면, 손님을 골라 받거나 매물을 본인의 잣대로 재단하는 버릇이 생긴다. 루틴은 무너지고, 콜이 줄며, 계약도 사라진다. 손님을 미리 평가하지 말고, 매물도 미리 낙인찍지 마라. 검증은 현장에서 하고, 선택은 고객이 한다.

기억해야 할 두 문장이 있다. "영원한 공실은 없다"와 "짚신도 제짝이 있다." 어떤 공간은 누군가에게는 불편함의 집합이지만, 또 다른 누군가에게는 최적의 해법이 된다. 공인중개사의 역할은 매물을 결정하는 사람이 아니라, 적합한 고객과 매물을 정확히 연결하는 사람이라는 것이다. 그러니 초기에는 객관적인 정보로 다가가고, 비교의 기준을 고객과 함께 합의하라. 마지막 클로징 구간(가격·조건·리스크의 최종협의)에 이르렀을 때만 당신의 전문적 판단을 단단하고 간결하게 제시하라. 그 순서만 지켜도, 부정 프레이밍이 빚는 불신과 이탈을 대부분 예방할 수 있다.

한번은 중개할 때 정말 빛도 들어오지 않는 습기로 가득한 지하를 중개하러 간 적이 있다. 정말 오래 계약이 안 되기도 했지만, 가격은 상당히 저렴했다. 고객이 가장 중요하게 생각하는 것이 월세였기 때문에 필자는 그곳으로 고객을 모셔갔다. 고객은 너무나 만족스러운 얼굴로 계약을 하자고 이야기하셨다. 필자는 얼떨떨했지만, 한편으로는 기뻤다. 그렇게나 오랫동안 제 주인을 찾지 못했던 매물이 그 어떤 고객에게는 최상의 매물이 될 수 있다는 것을 다시 한번 깨달았다.

이성의 끈을 놓지 말고 매물을 객관적으로 바라봐야 한다는 것을 여기서도 느낄 수 있을 것이다. 그래야 많은 계약을 체결해낼 수 있다. 고객의 니즈를 객관적으로 파악하는 것은 정말 중요하다. 누구나가 신축에 예쁜 인테리어를 좋아하지만, 그 조건을 충족할 수 있는 고객은 많지 않다. 대부분은 차선을 택하는 것이다. 그 차선을 택하는 과정에 주관을 섞어 부정적인 프레이밍을 하는 실수를 범하지 말자.

사전 브리핑으로 판을 깔고, 현장에서 결론을 만든다

첫 대면은 계약의 방향을 정한다. 스쳐 지나가면 놓치고, 설계하면 리드한다. 강조하지만 그래서 첫 번째 미팅 또는 첫 번째 통화가 고객과의 모든 미팅 과정 중에 가장 중요한 과정이다. 잠시 잠깐 스쳐 지나가듯이 첫 번째 미팅을 끝내버리는 것은 금물이다. 다른 볼일이 있다며 급하게 떠나버린 그 고객은 반드시 다른 중개사무실에 전화하고 있을 것이다.

필자는 현장 미팅을 잡았더라도 반드시 1차 미팅을 중개사무실에서 한다. 우리 중개사무실이 어떤 곳인지 각종 상장과 협력서들이 즐비한 회의실을 보여드리고, 어떻게 인테리어 된 어떤 입지에 있는 곳인지, 안정적으로 중개를 받는지 확인할 수 있게 한다. '이 사무실은 기준을 갖고 안내하는 곳이구나'라는 마음을 가지도록 안심을 시키는 한편으로, 고객이 그날 볼 매물들을 사진과 지도를 보여주며 사전 브리핑을 한 후 고객을 현장으로 모셔간다.

현장에서는 건물만 보인다. 사무실에서 사진과 전반적인 주변의 지도를 보여주면서 입지를 사전 설명하면 현장 미팅이 훨씬 부드럽고 수월해진다. 물론 사전 미팅에 꽂은 고객에게 가장 적합할 것이라고 정해놓았던 매물(이른바 꽂을 매물이라고 한다)에 대한 어필을 조금 더 가미하기 위함에 있다.

예를 들어 오늘 고객에게 3개의 매물을 보여주기로 했다고 가정하자. 3개의 매물을 어떤 설명도 없이 현장에서 줄줄이 보여주는 것과 사전 브리핑을 통해 첫 번째 매물의 장단점, 두 번째 매물의 장단점, 세 번째 매물의 장단점 그리고 고객의 반응을 살피면서 가장 적합할 것 같은 매물을 조금 더 어필해주는 것. 그 과정이 사전 미팅의 꽃이라고 할 수 있다. 사전 물건 브리핑을 하면서 고객의 반응을 살펴보면 고객이 가장 관심 있어 하는 물건이 있을 것이다. 그 물건에 집중해야 한다. 설계된 첫 미팅은 고객을 계약 테이블로 이끈다.

고객의 니즈를 다시 한번 살피는 것도 사전 브리핑의 중요한 요소다. 막상 현장에 오면 통화에서 이야기할 때와 다른 이야기를 할 때가 있다. 예를 들면 통화 시에는 결정권자가 아니었거나, 그 사이 조건이 바뀌었거나, 브리핑을 들으면서 조건이 변화하는 때도 있다. 이럴 경우를 대비해서 매물장은 반드시 필요하다. 준비한 매물 3개가 모두 쓸모없어져 버리는 돌발 상황이 발생하기도 한다. 이때 빛을 발하는 것이 매물관리의 루틴 즉, 오프라인 매물장이다.

결정의 심리를 리드하라,
양자택일의 법칙

현장 미팅이 시작되었다면 설명을 하기보다는 경청을 하는 편이 좋다. 필자도 현장에 막상 가면 많은 브리핑을 하지 않는다. 이미 사전 브리핑은 끝났기 때문에 합의한 기준을 확인하고, 질문에 대해 답변을 하는 수준으로 현장 미팅을 진행한다.

말은 짧게, 비교는 명확하게 하자.

공인중개사 : 고객님, 제가 마지막에 고객님께 가장 적합할 것 같다고 이야기해드렸던 사무실이 여기입니다. 이런저런 조건들이 고객님께 가장 적합할 것 같습니다. 그 전에 마음에 든다고 하셨던 물건과 비교해서 어떠신지요?"

중개사무실에서 들은 말을 현장에서 다시 듣는 순간, 고객의 머릿속에

플래그가 선다. 결정이 쉬워진다. 사전 브리핑을 생략하고 곧장 현장으로 가면, 속도는 빨라 보이지만 의사결정은 길어진다. 기준이 없으니 많이 봐야 하고, 많이 보면 더 헷갈린다. 반대로, 중개사무실에서 기준을 먼저 세팅하면, 우리 중개사무실에서 사전 제안한 매물만 봐도 결론이 난다.

사전 브리핑으로 기준을 맞췄다면, 현장에서는 반응을 모으고 → 매물을 각인하고 → 선택을 좁히는 순서로 움직여야 한다. 같은 날 많은 매물을 보면 기억은 쉽게 흐려지고, 마지막에 만난 다른 공인중개사와의 계약 비율이 높아지는 것도 사실이다. 그래서 매물별 즉시 비교와 선호 각인이 필수다.

미팅할 때마다 잊지 않고 질문해야 한다. 질문하면 답하게 되어 있다. 항상 물건을 여러 개 보여줄 때는 많은 양의 물건임에도 불구하고 마지막에는 2가지 중에 1가지를 선택할 수 있도록, 즉 양자택일할 수 있게 가지를 쳐줘야 한다. 당신이 그날 3개의 매물을 보여줬든 4개의 물건을 보여줬든 마지막에는 양자택일할 수 있도록, 매물을 보여주면서 계속 가지치기를 해줘야만 한다. 그래야 고객은 선택할 수 있다. 고객에게 양자택일하게 했을 때 최종 선택을 받았다면, 계약으로 곧바로 이어질 것이다.

가지치기 원칙 '마지막은 반드시 양자택일이다.
후보가 많을수록 결정은 늦어진다. 끝에는 2개만 남겨라.

고객이 그 어떤 물건도 완벽하게 맘에 들지 않았다고 하더라도 완벽한 중개로 고객과의 신뢰를 쌓았기 때문에 2차 미팅으로 연결해가면 된다. 1차 미팅에서 계약이 나오면 좋지만 보통 고객은 정말 마음에 드는 물건이 있더라도 될 수 있으면 많은 물건을 보기를 원하는 경우가 있다.

매물마다 즉시 비교로 최종 선택할 만한 매물에 대해 각인하고, 진행 내내 양자택일로 가지를 쳐 마지막에 두 후보만 남긴다. 마음이 움직였을 때 사무실에서 법적 확인과 가계약으로 안전하게 닻을 내리면, 완벽한 물건이 드문 시장에서도 완성도 높은 계약을 만든다.

견해차는 있겠지만, 1차 투어에서는 보통 4~5개 내에서 다양성을 확보하는 편이 좋다. 사전 합의한 조건(역세권 · 월세 · 주차 · 인테리어 · 입주시기)을 기준으로 강점이 다른 표본을 배열하면 고객의 우선순위가 현장에서 정확히 업데이트된다.

미팅이 끝나고 계약을 하겠다는 고객이 있다면, 다시 사무실로 고객을 데려오는 것이 좋다.

공인중개사 : 그럼 들어가셔서 계약금 입금하시고 연락주세요. 수고하셨습니다!

이렇게 고객을 보내버리면 안 된다. 열 길 물속은 알아도 한 길 사람 속은 모른다는 이야기는 괜히 있는 것이 아니다.

10명 중에 3~4명은 마음이 변해서 계약을 안 하겠다그 하는 경우가 있다. 아니 많다. 그렇기 때문에 사무실로 모셔와서 등기부등본도 확인하고 권리사항을 설명해주고 가계약 문구도 서로 주고받는 작업을 현장에서 모두 마무리 짓고 입금까지 하는 것을 확인한 뒤에 고객을 보내는 것이 좋다.

부동산은 충동구매다. 그 자리에서 바로 결정하기 힘들면 이후에는 결정장애가 올 수 있다. 내 사무실, 내 점포 계약하는 게 어디 쉬운 일인가? 결정의 어려움을 없애주려면 마음먹었을 때 결정하실 수 있게 리드해야 한다. 이러한 과정은 고객에게는 안심, 우리에게는 리스크 관리가 된다. 실제로 하겠다는 의지가 99%까지 차오르던 고객도 현장을 떠나는 순간 1%의 확률로 계약을 포기하는 경우가 적지 않다.

2차 미팅,
계약으로 이어지는 결정적 연결 고리

1차 미팅이 '기준을 맞추는 시간'이라면, 2차 미팅은 그 기준으로 결론을 내리는 시간이다.

1차 미팅에서 만족하는 매물이 없거나 고객이 주저할 때, 니즈와 살짝 다른 대신 객관적으로 훌륭한 서브 물건을 한 건 제시해보는 것도 좋다.

"돌아가시기 전에 이 물건도 5분만 보실래요? 예산이 좀 오버되는 매물이지만, 고객님의 모든 니즈에 완벽하게 들어맞는 매물입니다."

서브 카드는 다음 미팅의 기대감을 만들고, 동시에 고객이 원하는 완성도를 얻으려면 어느 수준의 예산이 필요한가를 체감시키는 도구다. 실제로 월 500만 원 예산으로 출발했다가 서브 물건을 보고 월 800만 원으로 상향해 계약하는 경우도 있었다.

계약을 바로 하겠다고 하면 좋겠지만, 조금 더 생각해보고 연락하겠다고 하고 가는 고객들이 많다. 바로 그 자리에서 결정하는 것이 경솔한 결정이 될 수도 있다는 불안감을 느꼈거나, 정말 마음에 드는 물건이 없었을 수도 있고, 다른 중개사무실과 추가 미팅이 잡혀 있을 수도 있다.

다른 중개사무실과 추가 미팅이 잡혀 있는 경우라면 고객에게 직접 물어보면 좋다. 다른 공인중개사와의 추가 미팅을 '정면으로 묻고, 합법적으로 흡수'하는 것이다. 경쟁을 회피하지 말고 고객의 동선을 '우리의 동선'으로 바꾸어주면 된다. 정중히, 그러나 분명히 묻는다.

공인중개사 : 혹시 다른 중개사무실과 추가로 보실 물건이 있으실까요?
고객 : 네, ○○와 △△를 보려고 합니다.
공인중개사 : △△ 건물 임대인 성향을 잘 압니다. 고객님 조건과 매우 궁합이 좋아요. 일정 가능하시면 지금 바로 함께 이동해 제가 직접 컨택해 보겠습니다.

고객이 공인중개사와 신뢰가 쌓인 경우는 흔쾌히 그 제안을 승낙한다. 본인도 여러 군데 중개사무실을 돌아다니기도 힘들뿐더러 미팅을 하는 공인중개사가 이미 마음에 들었을 때는 어떤 물건을 계약하더라도 그 공인중개사와 하기를 원하는 확률이 매우 높아지는 이유에서다. 그래서 고객과의 신뢰 쌓기는 정말 중요하다.

고객도 사람이기 때문에 믿음과 신뢰감이 가는, 일 잘할 것 같은, 친절한, 정감 가는 그런 공인중개사와 계약하길 원한다. 다른 중개사무실로 가는 고객의 뒷모습을 아련하게 바라보지 말고 자신을 믿고 고객에게 먼저 질문하길 바란다. 다만 이 상황에서 그 물건을 모른다면 낭패다.

포인트는 2가지다. 첫째, 그 물건을 진짜 알고 있어야 한다. 둘째, 고객의 수고를 줄이고, 한 명의 파트너와 끝까지 가는 편익을 설득할 수 있어야 한다. 이때 임장 작업의 힘이 빛난다. 매일매일 임장은 아무리 강조해도 부족함이 없다.

2차 미팅은 '확정'하는 것이다. "언제 되세요?"보다는 "내일 00시 어떠세요?"가 더 좋다. 결정하기 어려워 하는 고객의 경우에는 바로 그 자리에서 2차 미팅을 잡아줘야 한다.

[예시 1]

공인중개사 : 고객님, 이번에는 고객님의 니즈를 정확히 파악했어요, 고객님께 맞는 이런 매물을 다음번 미팅에서 보여드릴게요. 다음번 미팅은 내일 오전이 어떠세요? 10시쯤 어떠실까요?

고객 : 10시는 좀 빠르고 11시에 뵙는 것으로 하시지요.

이 대화에서 특징을 파악했는가? 정확하게 일시를 정해주고 고객이 자연스럽게 내일의 미팅을 받아들이게 하는 대화방식을 파악해야 한다.

[예시 2]

공인중개사 : 고객님, 다음 미팅은 언제가 괜찮으세요? 제가 시간은 맞추겠습니다.

PART 6 고객 미팅은 대화가 다니라 리드(Lead)다

고객 : 시간 일정 확인해보고 미리 연락드릴게요.

공인중개사 : 네, 알겠습니다. 연락주세요!

대화의 연결은 비슷했을지 몰라도 결과는 너무나 다른 결과를 불러온다. 다른 경쟁자들과는 정면승부로 관리하고, 시간·장소·절차를 확정형으로 질문하고 리드하라.

2차 미팅은 확신을 쌓고 변수를 제거하는 자리다. 여기서 같은 루틴으로 양자택일 → 1순위 확정 → 법적 확인과 가계약으로 한 호흡에 마무리하면, 고객의 '지금의 결심'을 '오늘의 계약'으로 바꿀 수 있다.

2차 미팅 마지막 결정의 시간에서 "별로 마음에 드는 물건이 없네요"라고 말한다면 다음 미팅을 준비해야 할 것이다. 다만 고객이 자신이 본 물건 중 한두 개의 물건으로 고민을 하는 경우가 있다. 앞서 우리는 양자택일의 스킬에 대해서 말했다. 반드시 마지막 고객의 선택은 양자택일이어야 한다고 이야기했다. "마지막 물건도 좋았는데, 첫 번째 봤던 물건도 좋았던 것 같아서 긴가민가하네요"라고 고객이 말한다면 당신은 어떻게 하겠는가?

필자의 경우에는 그럴 때, "고객님. 그러면 첫 번째 보셨던 물건을 다시 한번 지금 바로 보러 가시지요. 기억이 안 나실 수 있습니다. 다시 한번 보시면 확실하게 차이를 느끼실 수 있으실 거예요"라고 말하고 첫 번째 봤던 물건을 다시 보러 간다. 많게는 그렇게 왔다 갔다 세 번까지도 해본 적이 있다. 고객은 그 물건이 처음이다. 본 당시에는 마음에 들었어도 시간이 지나면 그 기억은 온데간데없이 사라지고, 막연한 기억과 함께 긴가민가 고민만 깊어질 수 있다.

그런 고객에게 "고객님, 그럼 잘 생각해보시고 연락해주세요"라며 보낸다 한들 그 고객은 결정하지 못한다. 기억나지 않는 물건에 대한 확정은 집에 돌아간다고 해서 이루어지는 것이 아니다. 공인중개사는 클로징을 잘해야 한다. 그 마무리의 정점은 공인중개사가 찍어주어야 한다. 결정하지 않는 것이 아니라 의외로 결정하지 못하는 경우가 많기 때문에 그 차이를 정확히 파악하고 유효고객에게 반드시 집중하고 클로징까지 성공해야 한다.

유효고객, 시간을 투자할 대상을 가려내는 정밀 기준

친절은 모두에게, 집중은 유효고객에게. 이것이 초보 공인중개사가 짧은 시간에 결과를 만드는 가장 실용적이고 품격 있는 방법이다.

1차 통화·현장 투어·2차 미팅을 거치며 우리는 이미 고객의 니즈와 반응을 수집했다. 이제 남은 과제는 누구에게 시간을 더 쓰면 바로 계약으로 이어질 가능성이 큰가를 가려내는 일이다. 핵심 신호는 입주시기이며, 보조 신호로 사전 미팅 이력이 강하게 작용한다.

입주시기가 정해져 있고 가까울수록 계약 확률은 기하급수적으로 오른다. 반대로 '6개월 뒤'라면, 지금의 대면 미팅은 학습·관계 형성의 의미는 있어도 즉시 성사와는 거리가 멀다. 우선순위를 정할 때, 반드시 입주 데드라인을 최우선으로 확인하고 기록하자.

첫째, 고객이 얼마나 유효고객인지의 가장 큰 포인트는 입주시기다.

고객이 반드시 계약해야 할 고객인지 아닌지 뿐만 아니라 옮겨야 하는 시기가 정해져 있다면 그 어떤 고객보다 더 집중해서 고객을 관리해주어야 한다. 입주시기가 빠르면 빠를수록 계약 확률은 올라간다. 반드시 고객과의 미팅에서 입주시기를 물어보는 것은 중요하다.

열심히 미팅하고 물건 다 보여줬는데 6개월 뒤에 입주한다고 해보자, 의미 있는 미팅이었는가? 생각해보면 그렇지 않다는 것을 알 수 있을 것이다. 그 시간에 입주시기가 빠른 바로 계약해야 하는 고객을 놓치는 실수를 저지른 것과 다름없다. 입주시기는 가장 중요한 포인트다. 우선해서 미팅해야 할 고객을 선별하자.

둘째, 얼마나 많은 미팅을 했는지다.

고객이 당신을 만나기 전에 얼마나 많은 중개사무실을 만났는지, 몇 번의 미팅을 했는지에 따라서 계약의 확률이 확연히 달라진다는 의미다. 결과론적으로는 당신을 만나기 전에 되도록 많은 중개사무실과 미팅을 했던 고객이면 고객일수록 계약 확률은 올라간다. 이때 입주시기가 빨라야 한다는 전제조건이 붙으면 금상첨화다. 무조건 미팅을 많이 했다고 해서, 결정이 빠른 고객은 아니다. 6개월 뒤에 입주할 상황임에도 여러 가지 이유로 많은 물건을 보고 싶어 하는 고객들도 있다. 입주시기의 조건이 전제된다는 가정하에 보자면, 다른 공인중개사와 여러 차례 투어를 경험한 고객은 스스로 비타협 조건과 양보 가능한 항목이 또렷한 경우가 많다. 그리고 많이들 지쳐 있다. 이들은 우리의 정교한 물건 제안으로 빠르게 결론을 내린다.

그래서 고객과 통화를 할 때 이렇게 질문한다.

공인중개사 : 고객님, 혹시 물건을 좀 많이 보셨을까요?

고객 : 네, 몇 번 보기는 했습니다.

공인중개사 : 어떤 부분을 가장 많이 신경이 쓰이셨는지요? 아니면 어떤 부분이 가장 만족스럽지 못해서 계약하지 못하셨는지 여쭈어봐도 될까요?

질문하는 이유는 간단하다. 서두에 신규 고객은 본인의 예산으로 모든 조건을 갖춘 이상적인 사무실을 구하길 원한다고 했다. 하지만 세상에 그런 조건을 맞출 수 있는 매물은 거의 없다고 볼 수 있다. 그런 고객에게 그 전에 다른 중개사무실의 공인중개사들이 미팅하면서 어느 정도 현실 기준을 보여줬을 터다.

그런데 그 공인중개사들은 왜 계약을 못 했을까? 2차 미팅에 대한 정확한 리드가 부족했을 터다. 아니면 물건 작업에 대한 부족함 때문이었을 것이다. 그 만족하지 못했던 부분을 긁어주면서 미팅을 진행한다면 계약의 성사율은 매우 높게 올라갈 것이다.

하지만 여기서 중요한 점은 이런 유효고객이 당신에게 다가왔다고 해도 물건 작업을 게을리하면 계약이 쉽지 않은 것은 분명한 문제다. '어떤 고객이 바로 계약을 할까?'라는 질문에 대해서 전제가 되어야 할 것은 자신이 얼마나 많은 물건 작업이 되어 있는지에 대한 점도 상당히 중요한 문제가 된다.

다시 한번, 임장과 물건 확보의 중요성이 나왔다. 임장과 물건 확보의 중요성과 그것이 계약을 많이 하는 공인중개사와 그렇지 못한 공인중개사로 나누는 핵심적 차이라는 점을 반드시 알아야 한다.

고객 장부, 계약은 '사람'을 기억하는 데서 시작된다

매물장 못지않게 중요한 것이 고객 장부다. 모든 고객이 당장 계약을 서두르는 것은 아니다. "내년쯤 옮길 생각이라 시장조사만 해보려 한다"는 이도 있고, "연장해도 되지만 더 좋고 저렴하면 옮기겠다"라는 이도 많다. 그래서 첫 통화에서 입주시기를 확인하는 일은 결정적이다. 우리의 자원은 시간이고, 성과는 그 시간을 어디에 배분하느냐로 갈린다. 콜을 많이 받는데도 성과가 미미한 경우와 전화 한 통을 원샷원킬로 연결하는 경우의 차이는 대개 고객의 니즈를 얼마나 정확히 포착했는가에서 비롯된다.

첫 통화와 초기 미팅을 바탕으로 고객을 세 구간으로 나눈다. 분류 기준은 단순하고 명확해야 현장에서 작동한다.

즉시 대응(Hot Lead) : 입주 1~2개월 내 → 즉시 제안·이번 주 실물 투어 추진
중기 관리(Warm Lead) : 입주 3~6개월 이내 → 격주 업데이트·월 1회 현장

후보 갱신

장기 관리(Cold Lead) : 입주 6개월 이후 → 분기별 시세 브리핑·관심 변화 체크

이렇게 구분해두어야 지금 바로 움직일 고객을 절대 놓치지 않는다.

'늘 손님이 부족하다'라는 체감은, 사실 분류와 후속 접촉이 없을 때 생기는 착시다. 바로 계약할 고객만 만나고 나머지 고객은 전부 다 버리는 공인중개사는 늘 손님이 없다는 말을 반복한다.

고객 장부를 만들지 않고 그때그때 즉각적인 대응만 하고, 고객을 머릿속에서 지우는 것이다. 그러나 만약 고객 대응 시기에 맞추어 앞서 살펴본 것과 같이 분류한다면, "손님이 없어요"라는 한탄은 할 시간도 없을 것이다.

'상담 로그(시간순 일지)'는 성과 상위권을 가르는 분기점이다. 통화·미팅이 끝나면 즉시 타임스탬프와 함께 남겨라. 구조는 다음처럼 간결하지만 일관되게 하라.

고객을 식별할 수 있도록 이름을 반드시 묻는다. 이름을 묻는 행위 자체가 고객을 '드러나게' 하고, 2·3차 접점에서 친밀도 가속기가 된다.

[예시]
- 김OO 부장님(삼성물산), 12월 종로 이전 검토
- 30억 원 매수 | 대치동 선호 | 자녀 초2 | 변호사 | 주차 2대 필수

- 역세권 도보 5분 이내·주차 기계식 불가·내년 2월 입주 고정
- 24.11.03(통화) 예산 2억/월 250 확정 → 11.06(수) 10시 사무실 브리핑 예약

메모 한 줄의 힘은 매우 크다. 우리의 뇌는 의외로 멍청하다. 절대 머리를 믿지 마라. "아, 12월 종로 이전 검토하시던 김OO 부장님 맞으시죠?" 한 문장이 신뢰의 문을 연다.

고객은 '나를 기억하는 사람'과 일하고 싶어 한다. 엑셀이든 회사 자체의 CRM 프로그램이든 어디든 다음 항목은 고정 칼럼으로 잡아두자.

운영 루틴은 기록하고, 다음 절차를 실행하고, 그 절차를 반복하는 것이다.

- 최초 컨택일 / 컨택 채널(전화·지인·블로그·유튜브 등)
- 의뢰 구분(매수·전세·월세·임대/임차)
- 희망 지역·평수(전용/계약)·예산 범위
- 입주시기(확정/가변)·결정권자(대표/본인/팀/가족)
- 핵심 니즈 TOP 3 / 금기 포인트
- 다음 약속(일시·장소) / 담당자
- 상태(Hot/Warm/Cold)·진행단계(상담-투어-협상-계약-사후)

고객의 리드(lead)를 Cold, Warm, Hot에 따라서, 각각 구분된 방식으로 지속적 관리를 하도록 한다.

D-Day(당일) 통화·미팅이 종료되면 '즉시' 로그 입력을 입력한다. 필자

의 경우에는 상담하면서 로그를 작성한다. 가장 실감 나게 내용을 기억하고 살릴 수 있기 때문이다. 어떠한 방법도 좋다. 고객을 기억하고 후속 미팅과 지속적 콘택트를 위해 준비해라.

D+1(다음 날)은 약속 확인 메시지나 브리핑 자료 송부 등으로 대응한다. 고객이 기다려줄 수 있는 시간은 그리 길지 않다. 첫 통화 후 물건 확인 후 재통화 연결에는 단 10분 정도의 시간을 줄 수 있을 뿐이다. 될 수 있으면 브리핑 자료는 빠르게 송부해라. 다른 중개사무실과 겹치면 먼저 받은 브리핑 자료의 중개사무실과 당신이 보낸 물건을 보게 되는 불상사가 발생할 수 있다.

주 1회마다, Hot 고객 → 모든 미팅 내용 리마인드(Remind), Warm 고객 → 후보군 갱신해서 재미팅 제안하기, Cold 고객 → 장기적 관점에서 관리하고 꾸준히 시세 및 현황을 발송한다.

월말이 되면 전환율 점검(상담→투어, 투어→계약), 계약이 이루어지지 않고 있는 병목 원인을 기록한다. 이 리듬만 지키면 '한번 만나고 사라지는 고객'이 관계 자산으로 바뀐다.

머리로만 고객을 기억하면 밑천이 드러나는 순간이 온다. 반면 장부로 관리하면, 타이밍을 놓치지 않고, 맞춤 제안의 정밀도가 올라가며, 다음 행동이 항상 정해져 있다. 계약이 많은 공인중개사의 비밀은 화려한 말솜씨가 아니라 꾸준한 기록과 후속 행동에 있다(성공한 사람들의 공통점 중에 다이

어리를 쓰는 습관은 쉽게 볼 수 있다).

'매물장과 고객 장부' 이 두 축이 맞물려 돌아갈 때, 파이프라인(여러 단계의 작업이 순서대로 연결된 처리 과정)은 비로소 끊기지 않는 흐름이 된다. 고객 장부는 '언젠가 쓸 노트'가 아니라 오늘 계약을 앞당기는 도구다. 이름을 묻고, 특징을 붙이고, 시간을 찍고, 다음 한 걸음을 정하라. 계약은 기억에서 나오는 것이 아니라, 기록에서 자란다.

PART 7

계약은 서류가 아니라 절차와 신뢰다

가계약에서 본계약까지, 흔들림 없는 절차 만들기

　가계약이란 본계약 체결 전, 해당 매물을 다른 고객에게 뺏기지 않게 묶거나(홀딩), 당사자 일정 조율로 당장 본계약이 불가한 경우, 본계약 전 중요 사항을 합의함으로써 분쟁을 방지하기 위해 사용하는 사전 구속 합의다. 법전에 '가계약'이란 용어는 없지만 실무에서는 널리 통용된다. 다만 표현이 있다고 곧 효력이 생기는 것은 아니다.

　가계약은 원칙적으로 해제할 수 있다. 따라서 본계약 불성립 시에는 가계약금은 반환이 원칙이다. 다만, 위약금·해약금 성격을 약정한 경우에는 몰취 또는 배액배상이 가능하기 때문에 분쟁 해소를 위해서는 가계약금을 받기 전 가계약 문구를 꼼꼼하게 작성해야 한다. 대법원에서는 가계약금에 대한 판례 취지로서 '가계약'이라 불러도 주요 사항이 합의되면 본계약 효력이 인정될 수 있다고 판시하고 있다.

가계약 성립요건 3요소(계약의 중요 부분에 관한 합의)

목적물 특정(주소·호수 등)과 대금 확정(매매·임대 조건)

단순 협상이 아닌 본계약 의사의 합치('체결 의사'가 명확한 문구)

가계약금의 실질적 이행(계좌이체 등 금전 이동)

가계약 '인정'과 '불인정' 대법원 판례 예시

[대법원 2003.4.11. 선고 2001다53059 판결]
→ 가계약금 수수 사실은 계약체결의사를 강하게 추인하지만, 본질적 요소가 불명확하다면 단순 협상 단계에 불과하다.

[대법원 2012.6.28. 선고 2011다102080 판결]
→ 가계약이라도 매매목적물·대금 등 본질적 사항이 특정되거나 특정할 수 있도록 합의되면 계약 성립을 인정한다.

위약금과 해약금의 대법원 판례 예시

[대법원 1981.12.22. 선고 80다2910 판결]
→ 계약금은 특별한 약정이 없는 한 해약금으로 추정한다.

[대법원 1996.6.14. 선고 95다54693 판결]
→ 위약금 특약이 없으면 계약금은 손해배상액의 예정(위약금)이 아니다. 해제 시 실손해만 배상 가능하다.

실무의 핵심은 '가계약은 형식보다 실질(본질적 사항 합의 여부)로 본다는 것'과, '계약금은 원칙적으로 해약금 추정, 위약금은 별도 특약이 있어야 한다는 것'이다.

보통은 해약금 특약(교부자는 포기, 수령자는 배액상환)으로 처리한다. 문구에 '해약금으로 보지 않는다'라고 반대 특약이 있으면, 해제 시에도 반환해야 하지만 그런 문구를 넣어서 가계약을 하는 경우는 드물다. 따라서 문구 한 줄이 해약금을 지불할 것인지, 말 것인지에 대한 큰 결과를 바꾸는 셈이다.

가계약 문구는 누구에게 먼저 발송하는 것이 좋을까?

가계약 문구는 수령자(임대인·매도인)에게 먼저 합의하고, 그다음 교부자(임차인·매수인)에게 보내는 것이 좋다. 이유는 수령자가 거부하면 분쟁 소지가 커질 수 있기 때문이다. 그러한 이유로 필자의 경험상 임대인·매도인의 확답 확보 후 임차인·매수인에게 동일 문구 전송한 후에 가계약금 입금을 안내하는 것이 안전하다.

[가계약의 예시]

본 문구는 수령자(매수인·임대인)와 교부자(매도인·임차인)에게 발송되며, 계약서를 작성하기 전까지 계약서와 동일한 효력이 있으니 잘 보관하시기를 부탁드립니다.

1. 부동산 표시 : _____

2. 계약 조건
   - 보증금/매매대금 : 총 _____원
   - 가계약금 : _____원 (본계약 시 계약금에 산입)
   - 본계약 체결 기한 : _____년 __월 __일까지

3. 특약 사항
   - 계약금의 일부를 입금함으로써 계약이 성립되며, 당사자 일방에 의한 해약 시, 교부자는 입금액을 포기하고, 수령자는 그 배액을 상환해서 계약을 해제할 수 있습니다(해약금 특약).

4. 기타(본 계약서에 합의하지 않음으로써, 분쟁의 소지가 있는 특약 명시)
   - 반려동물 허용 여부, 금연 여부, 타공 허용 여부
   - 전세권 설정, 전세대출 동의 여부 등
   - 계약기간, 수령자의 계좌번호
   - 미등기 여부, 준공 전 계약 등

이 문자메시지/카카오톡 내용을 임대인·매도인에게 보낸 후 동의 회신을 수신한다. 동일 문구를 임차인·매수인에게 전송한 후에 입금 계좌를 안내하는 방식이다.

공인중개사가 해놓으면 좋을 가계약의 안전장치

- 가계약 후 본계약은 될 수 있으면 이른 시일에 잡기(가계약일로부터 OO일 이내로 명시)
- 가계약 성립 3대 요소를 반드시 기재하고, 해약금 특약으로 분쟁 방지
- 입금 스크린샷 및 동의 회신 캡처 보관
- 등기 최신 확인(가계약 전·본계약 시·잔금 전 재확인)
- 분쟁의 소지가 있는 특약은 가계약 시 명시
- 본인 참석 시 신분증, 대리인 참석 시 위임장·인감증명서 지참 요청
- 국세·지방세 완납증명서 지참 요청
- 신축 미등기의 경우 공급계약서·옵션계약서 지참 요청

현장에서 바로 쓰는 스크립트

- 오늘 내용으로는 주요 조건이 합의되었습니다. 임대인·매도인께 동일 한 문구로 동의를 먼저 받겠습니다. 동의 회신 후, 고객님(임차인·매수인)께 가계약금 계좌를 보내드려 가계약금을 입금받고 본계약 일정 다시 잡겠습니다.
- 분쟁 소지가 있는 반려동물·흡연·벽 타공·원복 범위는 가계약 문구에 미리 넣겠습니다.
- 본계약 시에는 등기·체납세금·신분·공급계약서 등 최종 확인 후 계약서 서명 및 계약금 입금, 그리고 특약 확정까지 꼼꼼하게 진행하겠습니다.

요건을 갖춘 문구, 올바른 발송 순서(수령자 先), 금전 이행, 그리고 주요 특약의 확정 기본 루틴이 결합될 때, 어떤 규모의 계약도 침착하고 품격 있게 완주할 수 있다. 기본을 문서화하고 순서를 습관화하라. 그 자체가 최고의 방어이자, 가장 빠른 계약의 지름길이다.

주택임대차계약의 정석,
탄탄한 기본이 공인중개사를 지킨다

한국 가계의 자산 중 주거용 부동산의 비중은 매우 높은 편이다. 숫자는 시대에 따라 달라도 주택 계약의 무게감은 일관된다. 우리 시장은 주거용(특히 아파트) 비중이 두드러진다. 수천만 원에서 수십억 원까지, 책임의 크기가 커질수록 기초 절차의 정확성이 곧 실력이다. 기본에 강한 공인중개사는 큰 계약에서도 흔들리지 않는다.

주택임대차계약서 작성 실무

1. 계약서 기본 구조

계약서에 기본적으로 들어가는 내용은 부동산의 표시 및 당사자의 인적 사항, 계약기간의 명기, 보증금 및 차임의 총액 및 지급일, 지급방법 및 특약을 구체적으로 명시해야 한다.

- 계약서 작성 시 필요서류 : 등기부등본, 건축물대장[하단, 계약서 기본 구조]

계약서 기본구조 예시 1

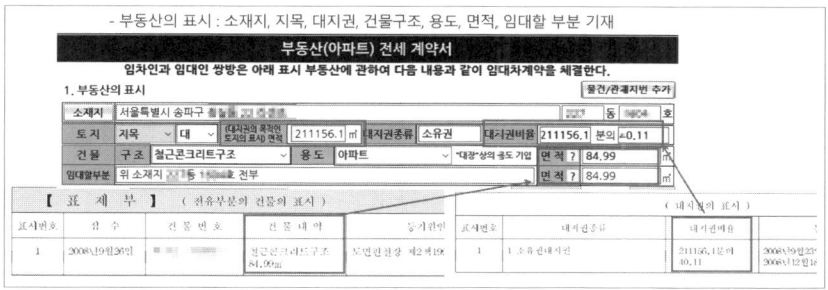

계약서 기본구조 예시 2

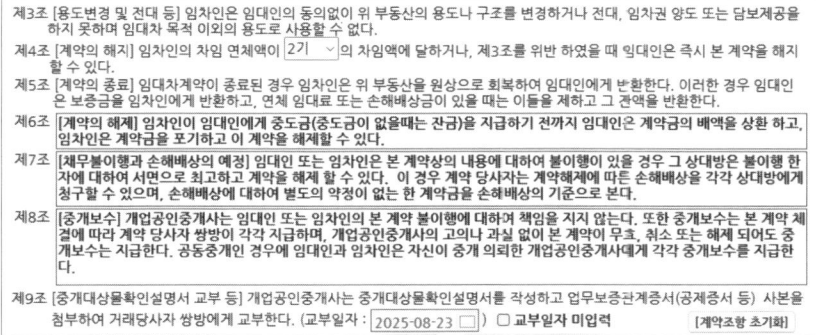

계약서 기본구조 예시 3

출처 : 한방

2. 계약 주요 조항

특약 작성 시에 전입신고와 확정일자 미부여로 인한 불이익은 임차인의 책임에 있음을 고지하고, 하자보수에 대한 수리 범위에 대한 부분에 대해 노후 및 자연 마모로 인한 보수는 임대인 부담, 고의 또는 부주의로 인한 수리는 임차인 부담으로 하는 등의 명확한 명시가 필요하다. 중도 해지 시라도 특약을 명시하지 않는 경우 중개보수의 부담 책임은 임대인에게 있다. 그러나 보통 관례에 따라서는 중도 퇴실하는 임차인이 지불함으로 반드시 특약에 기재하는 것이 좋다. 임대차보호법을 잘 알고 있는 임차인의 경우에는 임대인에게 중개보수 지불을 요구하는 경우가 있으니, 서로 간의 사전 합의를 확실하게 해두는 것이 분쟁을 방지하는 요령이겠다.

3. 특약 사항

기본적인 계약서의 구조와 내용은 앞과 같고 특약의 경우에는 임대·임차인의 요청에 따라서 조금씩 상이하기 때문에 사용될 수 있는 특약들을 나열해보도록 하겠다.

[특약 사항 기재]

*** 임대인 계좌 : OO은행 OOOOO-OO-OOOOO 예금주 홍길동 ***

- 현 상태에서의 임대차이며, 임차인의 부주의로 인해 옵션가전의 파손 또는 훼손이 발생된 경우에는 임차인의 비용으로 수리하기로 한다(단, 자연 마모는 제외).
- 임대인은 잔금일 익일까지 다른 제한물권을 설정하지 않기로 한다.
- 임대인은 계약 시 국세 및 지방세 체납 사실이 없음을 고지했다.

- 임대인은 임차인의 전세자금 대출에 동의한다.
- 입주 전 도배는 임대인(임차인)이 부담하는 것으로 한다.
- 반려동물 사육 금지(허용) 금연(흡연), 타공 금지(허용)한다.
- 위반 시 발생되는 원상회복의 범위는 (도배, 장판, 위약금 등) 한다.
- 주차는 OO대 무료, 추가 시 임대인과 협의하되 주차가 가능한 경우 매월 OO만원을 (선불/후불) 지불한다. 건물관리규약이 있는 경우 건물 관리 규약에 따르기로 한다.
- 계약일로부터 30일 이내 관할 주민센터나 국토교통부 거래관리시스템을 통해 임대차계약신고를 하기로 한다. 미신고 시에는 과태료가 부과될 수 있음을 고지했다.
- 임차인이 중도퇴실 할 경우에는 신규 임차인이 입주할 때까지의 관리비, 차임을 지불하며, 중개 계약 시 발생하는 임대인의 중개보수는 기존 임차인이 지불하는 것으로 한다.
- 본 계약서에 기재되지 않은 사항은 주택임대차보호법 및 일반 부동산 거래관례에 따르기로 한다.
- 계약갱신청구권 사용 여부 기재

상가임대차계약서의 정석, 법인 서류부터 위반건축물, 원상복구까지

상가·오피스 임대차에서 기본적으로 확인할 서류는 주택임대차와 같지만, 당사자 중 임대인 또는 임차인이 '법인'일 때는 반드시 다음의 추가 서류를 구비해야 한다.

법인인감증명서/법인등기부등본/법인인감(법인도장)/사업자등록증/대표자 신분증

법인은 법률이 부여한 '인격체'이므로, 자연인처럼 신분증 하나로 실체와 권한을 확인할 수 없다. 법인의 실존, 대표권(또는 대리권), 인감 사용의 적법성은 오로지 앞의 서류들을 통해서만 확인된다. 가끔 "내가 이 회사 대표다"라며 서류 없이 계약을 진행하려는 경우가 있으나, 대표자는 어디까지나 법인에 소속된 임원일 뿐이며, 법인을 대신해 유효하게 계약하려면 등기부로 대표권을 확인하고, 법인인감증명서로 인감의 진정성(사용 권

한)을 증명해야 한다.

또한 계약의 주체는 꼭 '대표이사'만으로 한정되지 않는다. 법인등기부 등본에 등재된 임원 등, 계약에 관한 권원을 가진 자가 적법한 권한에 따라 체결하는 경우에도 계약은 유효하다. 이때에는 권한을 입증할 수 있는 관련 서류(예 : 위임을 받은 임원의 경우 위임장과 인감증명 등)를 함께 받아두어야 한다.

정리하면, 법인 당사자와의 계약은 '말'이 아니라 '서류'로 진위를 확인하는 과정이 핵심이다. 앞의 서류 일체가 구비되지 않으면 계약을 진행하지 말고, 원본 대조 후 사본을 보관해 분쟁에 대비하라. 이는 공인중개사가 지켜야 할 최소한의 안전장치이자, 사후 책임을 줄이는 가장 확실한 방법이다.

그런데 현장에서는 이러한 절차를 대부분 무시한다. 오히려 반대로 "나는 계약하면서 한 번도 그런 것을 줘본 적이 없다. 나를 못 믿는 것이냐"라는 핀잔을 듣기도 한다. 오래된 동네 중개사무실에서는 '좋은 게 좋은 거다'라는 안일한 생각으로 중개를 하다 보니, 서류 확인 안 해도 "내가 잘 아는 분이다. 믿을 수 있다"라는 '말'로서 진위를 뭉개려고 한다.

그런 관행을 타파하는 것이 독자 여러분들의 몫이다. '복덕방'은 옛말이다. 이제는 전문적인 중개를 하는 중개사무실을 고객들도 원하며 신뢰한다. 대충하는 말로 때우려는 식의 중개는 이제 없어져야 할 문화다.

상가임대차계약서의 경우에도 대리인이 나오는 경우 주택임대차계약서 작성 시와 동일하게 위임장과 인감증명서를 준비해야 한다.

상가임대차계약서 작성 실무

1. 계약서의 기본 구조

계약서에 기본적으로 들어가는 내용은 당사자 인적 사항, 임대인, 임차인의 성명(법인일 경우 상호와 대표자 성명), 주소, 연락처, 목적물 표시, 건물의 주소, 층, 호수, 면적, 용도(예 : 음식점, 학원 등), 임대차기간, 시작일과 종료일, 차임(월세)과 보증금금액, 지급일, 지급방법 등을 명시해야 한다.

2. 계약 주요 조항

기본적인 계약서의 구조와 내용은 앞과 같고 특약의 경우에는 임대·임차인의 요청에 따라서 조금씩 상이하기 때문에 사용될 수 있는 특약들을 나열해보도록 하겠다.

또한 상가임대차의 경우에는 원상복구 조항이 매우 중요하다. 현 시설물 상태에 임대차라 할지라도 원상복구의 기준은 2가지가 있다. 신규 임차인이 들어왔을 때의 상태(기존 임차인이 쓰던 상태) 또는 준공 후 원상복구 상태다. 보통 임대인은 준공 후 원상복구 상태를 원상복구의 상태로 본다. 그런데 계약서에 '현 시설물 상태의 임대차이며, 퇴실 시 원상복구 하는 것으로 한다'라고 특약을 쓰면 들어온 신규 임차인은 본인이 추가한 것만 원상복구하고 나가면 되는 조항이 되기 때문에 주의해야 한다.

'준공 후 상태의 원상복구를 원칙으로 하며, 신규 임차인이 기존 임차인의 인테리어를 승계하기를 희망하는 경우, 신규 임차인은 기존 임차인의 원상복구 의무를 승계한다.'

이 특약은 원상복구의 의무를 신규 임차인이 승계하는 것이기 때문에 기존 임차인의 인테리어를 승계받았다고 해도, 준공 후 원상복구 상태로 원상복구 해야 하는 것이기 때문에 큰 차이가 있으므로, 상호 간 어떠한 조건을 원하는지를 잘 조율해서 특약을 꼼꼼히 작성해야 한다.

[특약 사항 기재]

*** 임대인 계좌 : 00은행 00000-00-00000 예금주 홍길동 ***

- 현 시설물 상태를 기준으로 체결하는 임대차계약이며, 임차인과 공인중개사가 함께 현장답사를 통해 내 외부 상태를 확인하고 진행하는 계약이다.
- 퇴실 시, 원상복구(준공 상태)를 원칙으로 하며, 만약 신규 임차인이 인테리어 시설을 인도받기를 원하는 경우, 임대인과 협의해 원상복구의 의무를 신규 임차인에게 양도할 수 있다.
- 임대면적은 공부상 면적이며, 실측 면적과 차이가 발생하더라도 이의를 제기하지 않는다.
- 건축물대장상 위반사항이 없음을 확인하고 진행하는 계약이다.
- 렌트프리기간은 ___년 ___월 ___일부터 ___년 ___월 ___일까지 (___일간) 제공하며, 렌트프리기간에도 임차인에게 관리비는 부과된다.
- 기본관리비는 _____원(부가세 별도) 납부, 개별 공과금은 임차인이 부담한다.
- 건축물대장상 용도는 _____(_____)이며, 용도변경이 필요한 경우 임차인의 비용으로 진행하며, 임대인은 공부상 필요한 절차에 동의하는 것으로 한다.
- 임차인은 보증금 및 임대료 지연 시 지연 손해금(이자율 연00%)을 임대인에게 지급하며, 만기 퇴실 시 임대인 보증금 반환 지연 시에

도 동일하게 지연이자(이자율 연OO%)를 적용한다.
- 임대인은 임대차기간이 끝나기 6개월 전부터 임대차 종료 시까지 권리금 계약에 따라 임차인이 주선한 신규 임차인이 되려는 사람으로부터 권리금을 지급받는 것을 방해해서는 안 된다('상가건물임대차보호법' 제10조의 4(권리금 회수기회 보호 등).
- 중도퇴실할 경우 임대인의 중개수수료는 임차인이 부담하며, 신규 임차인이 들어올 때까지의 차임 및 관리비를 지불하고 퇴실할 수 있다.
- 계약 종료 OO개월 전까지 양 당사자 간에 별도의 계약종료 또는 연장에 대한 의사를 표현하지 않은 경우 동일한 조건으로 자동 갱신된다.
- 공동명의인이 존재하는 경우에는 반드시 모든 공동명의인의 성명, 지분율, 주민등록번호를 기재해야 한다(추후 확정일자를 받을 때 모든 임대인의 동의가 없는 경우에는 확정일자를 받을 수 없기 때문에 우선 변제권 보호를 받을 수 없다. 이 경우 참석하지 못한 임대인들의 신분서류로써, 위임장, 인감증명서, 신분증 사본, 도장을 지참해야 한다. 인감증명서가 불가할 때는 가족관계증명서, 현장 유선통화 확인 등의 방법으로 대리인의 자격을 증명 하면 된다).
- 건물의 재건축, 철거 등 불가피한 사유가 발생할 경우 임대인은 잔여 임대차기간과 관계없이 계약을 해지할 수 있다. 단, 임대인은 계약 해지 통보일로부터 OO개월 이상의 유예기간을 보장한다.
- 해당 건물에 _____ 동종 업종에 대한 추가 입점을 금지한다.
  (반대로 동종업종 입점 금지 특약이 있는지 확인해야 한다)
- 기타 사항은 민법, 상가임대차보호법 및 부동산 임대차계약 일반 관례에 따르기로 한다.

상가 건물의 경우, 건물의 연한이 오래된 경우가 많으므로 재건축·재개발 가능성에 대한 부분에 대해서 염두에 두어야 한다. 특약에도 해당 내용에 대한 부분을 써 주는 것이 좋다. 법적으로는 건물주가 건물을 재건축할 사유로 건물이 소실될 경우에는 임차인은 건물에서 퇴실해야 하지만, 건물주와 협의가 잘 되는 경우는 권리금 명목의 보상 비용을 받고 퇴실하는 경우도 있다.

또한 명의자가 수 명일 경우는 계약서 특약란에 추가 명의자의 '주소, 주민등록번호, 성명, 연락처'를 기재하고 각각의 명의 위에 도장을 받아야 한다. 상가 또한 확정일자를 받아야지만, 우선변제권의 보호를 받을 수 있는데, 임대인이 수 명일 때 대표자 1인 또는 과지분권에 대해서만 계약서에 작성하게 되면, 확정일자를 받을 수 없다. 두 번 일하는 일이 발생하지 않도록, 임대인에게 이러한 상황을 잘 설명하고, 모든 임대인의 인적사항을 계약서에 명시하도록 하는 것이 좋다.

공실 상가가 아니고 권리금이 있는 권리금 상가의 경우는 계약이 이루어지고 나서 임대차계약을 진행하기 때문에 보증금 월차임 금액에 변동이 없는지 정확하게 미리 파악하는 것이 중요하다.

임대차보호법에 명시된 사항이기는 하지만 차임 증액 가능 여부 및 한도는 임대인의 요청에 따라 간혹 넣는 경우도 있다. 다만 계약서에 명시를 해버리면 임차인 입장에서는 임대인이 반드시 올릴 것이라는 생각을 가질 수 있기 때문에 임대인과 잘 협의해 차임 증액에 관한 조항은 임대차보호법으로 이미 명시된 사항이니, 배제하는 것으로 잘 협의를 해보는 것이 유연한 계약에 도움이 된다.

[체크리스트]
- 임대차 종료 시 원상복구 내용(준공 당시, 신규 임차인의 추가 부분 원상복구 기준)
- 임차인 업종의 인허가, 신고업종의 확인
- 관리규약 내 입점 가능 업종인지 또는 독점 입점 특약 가능 여부
- 용도변경 가능 여부 및 비용부담의 주체 확인
- 간판 설치 가능 여부, 주차대수 확인, 직통계단 여부, 장애인시설, 정화조용량
- 시스템 에어컨 설치 여부 및 내부 인테리어 상태 체크
- 학교 정화구역 확인(정화구역 내에 입점하지 못하는 업종이 있다)
- 민원 발생에 대한 해결 여부
- 포괄양도양수도계약 가능 여부(영업허가증의 인계)

권리금양수도계약의 정석

권리금은 상업용 부동산을 중개하는 실무에서 빠질 수 없는 핵심 개념이다. 임차권과 함께 권리금은 동시에 양도되기 때문에 양분할 수 없는 관계이기도 하다. 대부분 잘 알고 있듯이 기존 영업자가 쌓아온 영업상의 가치를 금전으로 환산한 대가 정도로 풀어볼 수 있을 것이다.

권리금의 종류에는 바닥권리금, 영업권리금, 시설권리금, 기타 권리금 등이 있다. 바닥권리금은 해당 상권의 인지도에 따라서 기본적으로 바닥에 깔린 위치적 가치다.

영업권리금은 해당 업종의 영업은 운영하면서 발생시킨 매출, 즉 해당 점포 자체에 영업가치를 의미한다. 매출이 높을수록, 회원의 수가 많을수록, 단골 등이 많을수록, 업력이 높을수록 영업권리금은 올라간다.

시설권리금은 영업을 위해 설치된 인테리어, 집기, 비품 등 유형 자산을 말한다. 기타 추가적으로 주장할 수 있는 부분은 해당 건물 또는 지역의 독점권 등으로 인한 특유의 가치성을 인정받는 경우 등이 있을 수 있을 것이다. 초보 공인중개사는 권리금의 개념을 이해하고 정확하게 계약서에 반영할 수 있어야 한다.

업종을 변경하지 않고 '동종'으로 양도양수할 경우

1. 매출 증빙의 표준화

카드, POS기 매출, 부가세, 종합소득세신고서 등으로 실질 매출 증빙을 한다. 여기서 주의할 점은 POS기 매출은 증빙으로 잘 쓰지 않는다는 것이다. 높은 권리금을 받기 위해 허위로 POS기에 매출을 추가로 넣는 경우가 종종 있었다. 보통 요새 고객들은 80~90%가 카드를 사용하기 때문에 카드 매출이 가장 합리적이고 정확한 방법으로 볼 수 있다. 요새는 대략적인 매출을 볼 수 있는 플랫폼들도 많이 나와 있다. '오픈업' 같은 플랫폼을 참고하면 대략적인 매출을 알 수 있다.

2. 시설·비품의 잔존가치와 리스·약정

인테리어 비품 잔존가치를 확인한다. 사실 비품의 잔존가치를 눈으로 확인하는 것은 어렵고, 어떤 물품 중에는 약정이 걸려 있는 리스·약정이나, 제품을 납품하는 회사에서 준 지원품들도 있을 수 있어 회수해가는 경우도 있으므로, 실제로 정확하게 남겨질 물건이 무엇인지, 리스·약정을 양도를 받을 것인지 해지를 할 것인지에 대해서 정확하게 해야 한다. 실례로 필자 또한 리스·약정을 확인하지 못하고(양도인이 말을 안 해줬다), 나중에 리스·약정료를 공인중개사가 내든지 철거하라는 경우를 겪어봐서 그 당황스러움을 잘 안다. 집기는 잘 확인해야 한다.

3. 직원 셋업의 승계 가능성

종업원 세팅을 그대로 이어받을 수 있는지 확인한다. 구관이 명관이라는 말이 있듯이, 직원 세팅을 그대로 가져갈 수 있으면 초기 운영에 많은 도움이 된다. 그래서 대형 프랜차이즈의 경우에는 며칠, 몇 주간 본사에서 직원을 파견해 영업의 초기 운영을 효율적으로 할 수 있도록 지원해주기도 한다.

4. 레시피·운영 매뉴얼·인수 교육

레시피를 알려주거나, 일정기간의 영업 컨설팅 가능 여부를 확인한다. 프랜차이즈 가맹점인 경우는 레시피나 영업 컨설팅이 필요 없을 수 있겠지만, 개인 점포를 운영하시던 분의 영업권을 넘겨받는 경우라면 상당히 중요한 부분이다. 개인 점포의 음식의 맛의 균일성은 양수인이 안정적인 매출을 발생시키는 데 매우 중요한 포인트다. '여기 사장 바뀌었나?' '맛이 예전하고 달라진 것 같아'라는 이야기가 들리면 매출은 기하급수적으로 떨어지고, 망하기도 한다.

업종변경(이종전환)으로 양도양수할 경우

1. 집기 철거 가능 여부

보통 권리금이 붙어 있는 상가라면 철거를 해주는 경우는 흔치 않지만, 공인중개사로서 할 수 있는 질문이다. 다만 현실에서는 보통 그렇지 않다.

2. 주변 바닥권리 시세 확인하는 작업

업종변경하는 경우에는 영업·시설권리금을 고려할 필요가 없어 바닥권리의 조율만으로 계약이 성사되기 때문에 주변의 바닥권리의 시세 형성을 잘 파악해서 적정한 권리금으로 거래될 수 있도록 조율해야 한다. 보통 양도인의 경우, 최초 권리금을 주변 시세보다 높게 내놓는 경우가 많기 때문에 오랜 시간 조율이 필요하다.

상가권리금계약서 작성 실무

권리금이 조율되었으면, 계약을 진행한다. 이때, 권리금 계약이 우선일까? 임대차계약이 우선일까? 정답은, 권리금 계약을 우선해야 한다. 만약 임대차계약이 틀어질 수도 있다는 가정하에 우리는 계약서에 임대차계약 결렬 시 계약금 반환 조건 특약을 건다.

반드시 공인중개사로서 권리금 계약서를 작성하기 이전에 건물주와 임대 조건 협의를 마쳐야 한다. 권리금 계약을 체결하고 임대차계약을 체결하려는데 건물주가 거절한다면? 임대 조건을 터무니없이 올린다면? 그런 경우가 종종 있다. 주의해야 한다. 권리금 계약의 주체는 점포의 양도양수인이지만, 임대차계약에 임대인 또한 전후 사정을 알고 있도록 해야 문제가 발생하지 않는다. 가장 많이 일어나는 문제가 바로 임대료 인상이다. 기존 임차인이 월 200만 원에 점포를 사용했다고 가정하자. 공인중개사가 임대인과 신규 임차인이 들어왔을 때 임대료를 어떻게 할 것인지에 대한 협의가 없어 임대인이 250만 원으로 월세를 올린다고 가정해보자. 이렇게 확인 없이 권리금계약을 했다가는 낭패를 볼 수도 있다.

공인중개사는 사전에 반드시 등기부등본과 건축물대장을 확인해봐야 한다. 임차인 간의 계약이기는 하지만 건물에 어떠한 하자 권리가 있다면, 그 계약은 문제가 될 수 있기 때문이다. 경매개시결정등기라도 있으면 건물 자체가 통으로 넘어갈 수가 있고, 만일 사업자등록 전에 건물이 낙찰되어 낙찰자가 결정되어버린 경우라면 보증금 한 푼 받지 못하고 쫓겨날 가능성도 있다.

특히 상업용 부동산의 경우 허가·신고 업종이 많기 때문에 건축물대장의 현황을 반드시 체크해야 한다. 위반건축물에는 허가 신고 업종이 들어올 수 없다. 이 부분을 놓치면 정말 치명적인 실수가 될 수 있다. 위반건축물 여부는 건축물대장에서 확인할 수 있다.

위반건축물에는 그럼 허가·신고 업종은 들어갈 방법이 없는가?

방법은 있다. 기존 임차인의 영업허가증을 양도받는 것이다. 가게 상호가 달라지거나 판매하는 내용물이 달라도 사업 업태와 종목이 같으면 영업허가증을 양도받을 수 있다. 그래서 오히려 위치 좋은 곳의 위반건축물 권리금이 더 비싼 경우도 있다. 이건 영업허가증 값이라 할 수 있겠다.

1. 계약서의 기본 구조

계약서에 기본적으로 들어가는 내용은 당사자 인적 사항, 양도인(임차인)과 양수인(신규 임차인)의 성명(법인일 경우 상호와 대표자 성명), 주소, 연락처, 목적물 표시, 건물의 주소, 층, 호수, 면적, 용도(예 : 음식점. 학원 등), 임대차계약현황(현 임차인), 권리금총액, 지급일, 지급방법, 유형·무형적 가치의 양도·양수될 물품 리스트, 특약 등 꼼꼼히 작성한다.

2. 계약 주요 사항

첫째, 인허가 불가로 인한 계약이행 불가 시 계약을 해제할 수 있는 특약을 확인한다. 많지는 않지만 심심치 않게 발생하는 경우로써, 위반건축물인 경우를 알지 못했을 뿐만 아니라, 영업허가증을 인수하지 못하고 양도인이 폐업을 해버리면, 양수인은 위반이 해제될 때까지는 해당 건물에 입점하지 못하는 사태가 발생할 수 있다. 이것은 중개사고라 할 수 있다. 정당하게 확인해야 할 건축물대장을 확인받지 못했기 때문이다. 독자 여러분들은 상가 중개 시 반드시 건축물대장과 등기부등본을 확인해 건물의 상태 체크를 해야 한다.

둘째, 권리금의 지급시기를 정한다. 공인중개사 중에 권리금의 잔금을 임대차계약 잔금일과 관계없이, 빠르게 마무리 짓는 경우가 있는데, 만약 임대차계약에 문제가 발생했을 경우 권리금 반환에 문제가 생길 수 있으므로 권리금 잔금 지급일은 임대차 잔금일과 같이 맞추고, 점포 인도와 동시이행으로 하는 것이 좋다.

셋째, 매출 검증의 정보를 어디서, 어떻게 받을 것인가에 관한 내용을 '00개월 카드매출, 부가가치세·종합소득세 신고서, 배달 앱·간편결제 정산내역을 제출·열람케 하며, POS 단독 자료는 보조 자료로 본다' 등으로 명확히 명시하고, 레시피, 직원승계 등이 협의가 된 경우에는 그 내용도 함께 특약으로 넣는 것이 좋다.

 넷째, 비품·시설·리스는 정확히 구분해서 폐기할 것, 해지할 것, 남겨놓을 것을 구분해야 한다. 보통 사진 촬영해서 계약서에 첨부한다. 이때는 계약서에 첨부한 별첨 자료에 반드시 간인해주는 것이 좋다.

[특약 사항 기재]

*** 임대인 계좌 : 00은행 00000-00-00000 예금주 홍길동 ***

- 현 시설 상태 및 현재의 권리 상태에서의 계약이다(상세 내역은 별도 첨부).
- 잔금일까지의 각종 공과금은 양도인 부담으로 한다.
- 급격한 임대조건 변동으로 인해, 임대인과의 임대차계약이 불가한 경우 본 권리금 계약은 무효로 하며, 수령한 대금은 즉시 반환한다(양도인은 잔금 지급 전까지 임대인과 양수인의 임대차계약 체결에 최대한 협조한다).
- 양도인은 잔금일 전까지 관련 행정처벌 및 기타 공법상 신규 영업에 방해가 되는 사항을 처리하며, 처리하지 않은 공급상 제한으로 인해 신규 영업이 어려운 경우 본 계약은 무효로 한다.
- 양도인의 영업상 발생된 채무에 대해서는 양도인의 책임으로 한다.
- 양도인은 양수자의 잔금 지급 즉시 사업자등록증 및 영업신고를 말소해야 한다(단, 동일 업태·종목 범위 내에서 기존 영업허가증 양도가 가능한 경우, 관련 서류·절차에 양도인이 협력한다).
- 인수물품은 영업장 내 시설/권리 중 [＿＿＿＿＿＿＿＿＿＿＿＿] 제외한 집기 및 물품들은 양도자가 임대차기간 내에 정리한다(인수물품 사진 첨부).
- 리스·약정 품목은 계약번호·잔존가치·월 납입액을 기재하고, 승계/

- 해지 여부를 명시한다. 승계 불가 시 양도인은 ○○일 내 철거 및 원상복구한다.
- 양수인은 본 사업장을 [＿＿＿＿＿＿]으로 사용할 것이며, 해당 업종 영위가 불가한 경우 본 계약은 무효로 한다.
- 양도인은 최근 ○○개월 카드매출 내역, 부가가치세·종합소득세 신고서, 배달 앱·간편결제 정산내역을 열람·제출한다. POS 단독 자료는 보조 자료로만 본다.
- 건축물대장상 위반 표기 유무 및 현 용도는 당사자가 공동 확인했다. 인허가에 관련된 사항은 양수인의 책임으로 한다.
- 가능한 범위에서 기존 직원 고용 승계에 협조하며, 양도인은 인수교육 ○○일(하루 ○○시간), 레시피·매뉴얼 제공 범위를 이행한다
- 제출 자료에 중대한 허위·누락이 확인될 경우, 양수인은 해제 및 권리금 전액 반환 또는 손해배상을 청구할 수 있다. 당사자는 열람한 매출·거래·레시피·고객정보를 제3자에게 누설하지 않으며, 위반 시 손해배상을 청구할 수 있다.
- 본 특약 사항에 기재되지 않은 사항은 민법상 계약에 관한 규정과 부동산 매매 일반 관례에 따른다.
- 첨부 서류 : 건축물대장, 등기사항증명서, 기존 임대차계약서, 리스·약정표, 인수비품·설비리스트(사진 첨부)를 확인하고 진행하는 계약이다.

오피스임대차계약의 정석

오피스임대차의 성패는 '렌트프리'와 '원상복구'에서 갈린다. 월세 다음 협상의 최대 분수령이 바로 이 2가지다.

업무용 부동산의 경우에는 렌트프리가 거의 반드시 들어간다. 필자가 '반드시'라고 표현하는 이유는 공인중개사로서 임차인을 위해서 '반드시' 받아내야 하는 협상 조건 중에 가장 중요한 부분이기에 그렇다.

업무용 부동산의 경우에는 가장 큰 경비가 임대료와 인건비. 그런 의미에서 월세를 내지 않는 기간의 합은 전체적인 임대기간의 임대료 인하 효과를 가져오기 때문에 매우 중요하다.

인테리어의 경우에 보통의 사무실은 '빈 사무실'로 임대가 되지만, 많은 비중으로 인테리어가 되어 있는 사무실에 입즈하기를 희망한다. 그러면서도 퇴실 시에 해당 인테리어를 원상복구 하지 않고 그대로 두고 나가기를 희망하기 때문에(비용 절감 차원), 원상복구 문제에 대한 중재도 매우 중요한 문제다.

1. 업무용 부동산 계약의 계약 절차

오피스 임대차의 절차는 주택임대차와 유사하다. '목적물 표시, 당사자 인적 사항, 임대차기간, 보증금·차임의 총액과 지급일·지급방법', 이 4개의 축을 명료하게 적시하면 뼈대는 갖춘 셈이다.

다만 업무용 부동산은 임대인·임차인이 거의 99% 법인인 경우가 많다. 그래서 '정석'은 자연인 신분증 확인과 동일한 강도로 법인서류를 확인하는 것이다. 다음을 기본 패키지로 생각하자.

- 법인인감증명서
- 법인등기부등본
- 법인인감(법인도장)
- 사업자등록증
- 대표자 신분증

앞서도 언급했지만 "이런 서류를 한 번도 요구받은 적 없다"라는 말은 과거의 주먹구구 관행일 뿐이다. 법은 법인도 인격체로 본다. 신분 확인의 엄격함이, 곧 계약 안정성이다.

업무용 임대차라면 건축물대장상 '업무시설' 또는 '근린생활시설'이면 통상 무리가 없다. 판매시설·교육연구시설·의료시설 등은 업종 적합성을 따져야 하므로, 사업자등록 가능 여부를 임대인과 사전에 확인하자. 업무용 임대차라 할지라도 업종에 따라서 원하는 건축물의 용도가 있다. 보통 그럼에도 불구하고, 기억할 키워드는 간단하다. '업무시설 또는 근린생활시설이면 안전하다.'

작은 면적의 일반 사무실에서도 흔히 쓰이지만, 대형 오피스에서는 협상력의 핵심이다. 현장에서는 '렌트프리'라는 한 단어로 뭉뚱그려 부르지만, 의미가 다른 세 갈래를 구분해두면 협상이 정교해진다.

- 렌트프리(Rent Free) 계약 초기에 일정기간 임대료를 받지 않는 조건
- 핏아웃(Fit-out) 인테리어기간으로 임대료와 관리비를 받지 않는 조건
- TI(Tenant Improvement Allowance) 임대인이 인테리어 비용을 보조해주는 금액

일반 오피스는 평균 1개월 내외의 렌트프리가 흔하고, 프라임급 대형 오피스는 임대료 수준을 유지하되 렌트프리·TI를 조합해 임차인의 초기 부담을 줄인다. 드물지 않게 '계약기간 중 특정 월을 반복 면제(연차형 렌트프리)'하는 구조도 존재한다. 실무에서는 이 세 요소가 한 덩어리처럼 섞여 통용되므로, 렌트프리로 알고 있으면 문제가 없지만, 차이를 알고 있는 것과 모르고 사용하는 것은 다른 문제이기 때문에 알아두길 추천한다.

[문구 예시]
- 렌트프리 00개월 동안 임대료는 면제하되, 관리비·전기료 운영비는 임차인이 부담한다.
- 임대인은 Fit-out 비용으로 일금 00원(부가세 별도)을 지원하며, 첫 00개월 차임에서 차감한다.

사무실은 인테리어 완성도가 경쟁력이다. 임차인이 만들어둔 레이아웃이 훌륭하면 임대인이 그대로 인수하는 합의도 잦다. 반대로 아무 합의가

없으면 '준공 시 상태(빈 사무실)'로 복구가 일반적 원칙이다. 실무의 공통 언어로 정리하면 다음과 같다.

'빈 사무실' 기준은 데코타일 바닥 · 화이트 도장벽 · 텍스(석고보드) 천장 구조를 의미한다.

'인테리어 인수'는 임대인이 현 상태를 무상 인수(또는 일부 보상)할지, 임차인이 철거 후 복구할지, 복구의무를 신규 임차인이 승계할지 명시한다.

'부분 복구'는 칸막이·유리 파티션·조명·바닥재 등 항목별로 구분해 기준을 설정한다.

그러나 될 수 있으면 부분 복구는 협의하지 않는 것이 좋다. 일부 원상복구를 하는 경우, 추후 문제가 발생했을 때 책임소재가 불분명해 문제의 소지가 될 수 있기 때문이다.

2. 특약 사항

[특약 사항 기재]
*** 임대인 계좌 : 00은행 00000-00-00000 예금주 홍길동 ***
- 본 임대차계약은 현 시설물 상태 및 현재의 권리관계를 기준으로 체결한다.
- 계약 종료 시 임차인은 원칙적으로 준공 상태로의 원상복구해야 하며, 차기 임차인이 현 인테리어를 사용 희망하는 경우는 원상복구 의무를 승계할 수 있다.
- 임대차 목적물 내 설치된 인테리어는 임대인이 시공한 것으로, 임차인은 사용기간 중 해당 시설물 손상 또는 훼손이 발생할 경우 수리 또는 원상회복에 대한 책임을 진다(단, 자연 마모는 제외한다). (인

테리어가 존치되어 있는 경우)
- 렌트프리는 OO년 OO월 OO일~OO년 OO월 OO일까지(OO일) 제공하며, 렌트프리기간 내라도 관리비는 임차인이 지불한다.
- 주차는 건물 관리규약에 따르며, 기본주차 OO대 가능하다.
- 임차인은 계약갱신 또는 퇴실 의사를 계약만기 OO개월 전까지 통보해야 하며, 별도 통보가 없을 경우 본 계약은 동일 조건으로 자동 갱신된다.
- 임차인의 사정으로 중도 퇴실할 경우 신규 임차인이 입주할 때까지 발생하는 임대료 및 관리비를 임차인이 부담하며, 발생하는 임대인의 중개보수 또한 임차인이 부담한다.
- 임차인은 상가임대차보호법의 우선변제권 확보를 위해 사업자등록 시 확정일자를 받도록 한다.
- 본 계약서에 명시되지 않은 사항은 민법, 상가임대차보호법 및 부동산 임대차계약 일반관례와 [_____] 건물관리규약에 따른다.
- 임차인은 본 목적물이 산업집적활성화 및 공장설립에 관한 법률의 적용 대상임을 인지하며, 계약기간 동안 해당 법률에서 정하는 입주 가능 업종/업태에 맞게 목적물을 사용/수익한다(지식산업센터 계약 시).

PART 8

돈 관리와 세무 전략

버는 기술만큼
지키는 기술이 중요하다

계약을 성사시키는 힘이 '매출'을 만든다면, 회사를 오래 가게 하는 힘은 '현금흐름과 세무'가 만든다. 중개업은 현금 유입이 들쑥날쑥하다. 그래서 더더욱 지출 구조·세금 시계·사업자 형태를 미리 설계해야 한다.

계좌를 분리하라

계좌를 '운영/세금/생활비'의 3가지 계좌로 분리하자. 이 3가지 중 특히 가장 중요한 것이 세금 통장이다. 부가세와 소득세, 그리고 원천세의 경우, 바로 내는 돈이 아니기 때문에 잘 정리해두지 않으면 마치 내 수입인 것으로 착각해서 전부 써버리는 실수를 할 수 있다.

특히 초보 공인중개사의 경우에는 세무에 아직 익숙하지 않기 때문에 더더욱 위험하다. 부가세와 종합소득세, 원천세는 내 돈이 아니다. 국가에 내야 하는 세금이다. 반드시 운영통장과 분리하길 추천한다. 따라서, 매출

유입 시 발생하는 부가세 10%와 추후 발생할 종합소득세를 고려해 수익의 약 10% 정도를 즉시 세금 통장으로 이체하도록 하자.

모든 비용(광고·임차료·간판·인테리어 등)은 세금계산서 수취를 원칙으로 하고, 주차비·식대 등은 사업용 카드 또는 현금영수증을 발행하는 것으로 한다. 사업용 카드는 개인 사업자의 경우 홈택스에 사업용 카드를 등록하면 되고, 법인의 경우에는 법인 카드를 발급받으면 된다

직원들에게 나가는 인센티브에 대해서는 '프리랜서/소속 공인중개사(용역)'에 대한 업무위탁계약서를(근로계약서가 아니다. 직원은 개인사업자이자 프리랜서다) 작성하고, 사업소득 3.3% 원천징수를 떼고 지급해야 한다. 만약 프리랜서 또는 소속 공인중개사가 별도의 사업자를 가지고 있는 경우에는 세금계산서를 발행해서 수취하도록 한다. 부가세는 별도다.

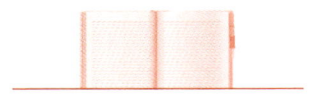

바로 쓰는 돈·세무
운영 도구(개인 vs 법인)

개인사업자

개인사업자는 개설·폐업·기장이 간편하고, 법인과 달리 대표자의 개인 계좌에서 자금 인출 시마다 증빙을 엄격히 갖추지 않아도 되어 자금 운용의 유연성이 높다. 초기 사업자등록에 별도의 설립 비용이 들지 않는 점도 장점이므로, 첫 창업을 준비하는 초보 공인중개사에게 적합한 형태라 할 수 있다.

공인중개사의 경우에는 간이과세자로 출발할 수 있다는 선택지가 있다. 통상 연간 매출이 간이과세 적용 기준(예: 1억 400만 원) 미만이라면 간이로 시작해도 무방하다. 중개업은 매입 증빙으로 처리할 수 있는 비용 항목이 임대료·광고비 등으로 제한적인 편이라, 실제로는 비용을 많이 써도 증빙 부족으로 과세상 이익(수익)으로 잡혀 세 부담이 커지는 일이 생긴다. 이때 간이과세자는 업종 특성에 따른 공제(중개업 기준 약 40% 수준 적용)로 부가가치세 부담이 상대적으로 낮아지는 효과가 있을 수 있어, 초기 매입 규모가 크지 않다면 유리할 수 있다.

다만 매출이 일정 구간을 넘어서면 다음 해 1월부터 일반과세자로 자동 전환되고, 본인이 원하면 임의로 일반과세 전환 신청도 가능하다(이 경우 신청 익월부터 유형 변경). 보통 매출이 늘면 매입도 함께 증가하므로, 일정 규모 이상부터는 매입세액 공제가 가능한 일반과세 전환이 오히려 유리해질 수 있다. 실제 선택은 업황·매입 구조·광고 집행 규모 등에 따라 달라지므로, 전환 시점과 방식은 담당 세무사와 구체적으로 상의하길 권한다.

종합하면, 매출과 비용 구조가 아직 작고 단순한 창업 1~2년 차에는 개인사업자, 그중에서도 간이과세 형태로 출발하는 것을 고려해보면 좋을 것 같다. 이후 매출·매입의 추이를 보며 일반과세 전환 시점을 전략적으로 결정하는 것이 좋다.

법인사업자

법인사업자의 경우에는 세금이 법인세 하나로 단일화되어 있고, 비용의 인정 범위가 넓어서 세금을 절감할 수 있는 범위가 개인사업자에 비해 넓다. 다만, 설립·등기·결산비용이 개인 사업자에 비해 높고, 법인 통장으로 들어온 돈을 증빙 없이 사적으로 함부로 사용할 수 없다. 그런 이유로 법인의 대표도 월급을 받고 4대보험을 내며, 돈이 추가로 필요한 경우에는 가지급금 등의 형태로 돈을 입출금해야 한다는 단점이 있다. 다만 개인 종합소득세는 순이익이 1~2억 원 이상 되는 경우에 법인 전환하면 세금 면에서 혜택을 누릴 수 있고, 개인사업자보다는 법인의 경우 더욱 신뢰를 받는 경향이 있기 때문에, 프라임급 중개를 시작하거나, 대규모 채용, 사업장 확장 등의 이슈가 있을 때 법인 전환하는 것이 좋다.

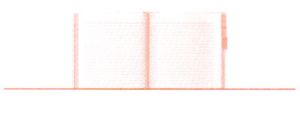

세금 캘린더

2025년 기준, 부동산 중개업(개인사업자 기준)의 주요 세무 신고·납부 일정을 요약한 자료다.

구분	신고·납부기한	비고
부가가치세 (일반과세자)	예정신고 : 4월 25일 / 10월 25일 확정신고 : 7월 25일 / 다음 해 1월 25일	1기(상반기) 2기(하반기) 구분
부가가치세 (간이과세자)	다음 해 1월 25일	연 1회 확정신고
종합소득세	5월 1일~5월 31일	전년 소득분 신고 / 납부
원천세	매월 10일	급여 및 사업소득 원천징수분
간이지급명세서	상반기 : 7월 31일 / 하반기 : 다음 해 1월 31일	프리랜서·사업소득 지급자
연간지급명세서	다음 해 3월 10일	연 1회 제출 (국세청 홈택스)

국세청 고시 및 2025년도 세법 개정사항을 반영했으며, 공휴일 또는 주말에 해당할 경우 익일 영업일로 자동 연기된다는 점을 참고하길 바란다.

인센티브 지급 세무

직원에게 인센티브를 지급할 때 비율에 맞게 주되 반드시 사업소득에 대한 원천세를 제외하고 보내야 한다. 원천세 납부의 의무는 사업자에게 있기 때문에 만약 원천세를 떼지 않고 직원에게 인센티브를 지불할 경우, 추후 사업소득 3.3%에 대한 세금을 개업 공인중개사가 내야 하는 불상사가 발생할 수 있으므로 주의를 필요로 한다.

소속 공인중개사·중개보조원 등 직원을 고용한 경우에는, 프리랜서용역계약서를 체결한다(반드시 용역계약서를 써야 한다. 계약서가 없으면 나중에 분쟁의 씨앗이 될 수 있다).

사업소득에 대해서 매월 원천징수(3.3%)를 신고하고, 반기별로 간이지급명세서를 신고 및 제출해야 한다. 추가로 연간 지급명세서(사업소득 지급명세서)를 다음 해 3월 10일까지 제출해야 한다.

필자도 처음에는 배우는 차원에서 세무를 직접 해봤지만 만만치 않으므로 가까운 세무사에 기장을 맡기는 것을 추천한다(서무는 세무사에게 중개는 공인중개사에게).

PART 9

초보 공인중개사가 반드시 알아야 할 법

법은 규제가 아니라 안전장치다

중개 현장에서 법은 흔히 '복잡하고 까다로운 절차'로 오해된다. 그러나 법은 단순하다. 이해관계가 첨예한 대립 관계를 해소하고, 법으로 정해진 안전장치로 인해 약자에게 불리한 특약은 무효로 함으로써 억울한 일이 발생하는 위험을 줄이며, 분쟁을 최소화하는 것이다. 공인중개사에게 법은 부담이 아니라 방패이자 나침반이다. 초보 공인중개사라면 반드시 익혀야 할 두 축, '주택임대차보호법'과 '상가건물임대차보호법'을 현장에서 바로 쓸 수 있도록 핵심 구조와 체크포인트 중심으로 알아보자.

주택임대차보호법 삼각구도, 대항력·확정일자·갱신청구

'주택임대차보호법'은 주거 약자를 보호하기 위한 특별법이다. 주택(건물과 그 부속토지)을 목적물로 하며, 임차인이 실거주를 전제로 한다. '등기 등재 여부'와 무관하게 임차인의 일정한 요건 충족함으로써, 대항력이 발생한다는 점이 민법상 임대차와 가장 다른 골자다. 미등기, 위반건축물, 상가건물, 가건물 등도 주택임대차보호법상 주택으로 인정받아 주임법의 보호를 받을 수 있다. 다만 반드시 임차인이 해두어야 할 안전장치가 있다.

바로 대항력을 갖추는 것이다. 그렇다면 대항력은 무엇인가?
대항력이란 '전입신고 + 점유'가 충족되면, 그다음 날 0시부터 제3자에게 임차권을 주장할 수 있는 권리를 말한다.

말소기준권리보다 뒤에 성립하면 후 순위가 되므로, 계약 시에 권리분석을 꼼꼼히 해서 선순위의 근저당이 있음에도 불구하그 고객의 보증금을 보호할 수 있는지를 잘 파악해야 한다. 그것이 계약의 첫걸음이며, 마지막까지 잔금·인도·전입의 순서를 촘촘히 신경 써야 한다. 가장 신경 써야 하는 것이 권리관계이므로, 잔금일에도 다시 한번 등기부등본을 확인해 권리관계에 변동이 없는지 살펴야 한다.

경험상 한 번도 그런 적은 없기는 했지만, 계약 때는 없었던 권리관계의 변동이 있을 수 있고, 특히 근저당 같은 제한물권의 설정이나, 소유자의 변경 등 특이사항이 존재할 수 있으므로 반드시 잔금일에는 다시 한번 등기부등본을 살피는 습관을 들이도록 하자.

우선변제권은 대항요건(전입신고+점유)에 '확정일자'까지 받았을 경우, 경매·공매 시 보증금에서 우선변제받는 권리다. 다만, 나보다 후순위에 있는

소액임차인 범위 및 최우선변제 예시

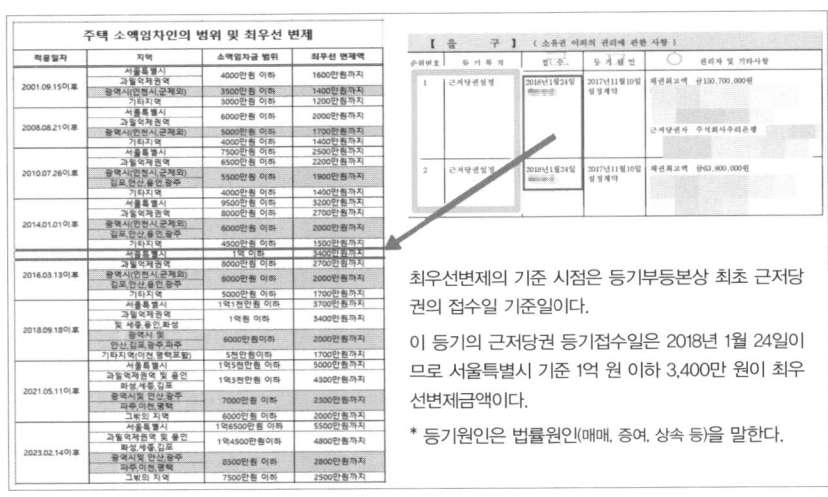

출처 : 저자 제공

권리에 앞서서만 보장을 받을 수 있기 때문에, 반드시 꼼꼼히 챙겨야 한다. '소액임차인 최우선변제' 제도도 있으나 금액·범위는 '지역·말소기준권리 설정시점'별로 달라진다. 숫자를 외우기보다 '최신 고시 확인 루틴'을 습관화하라.

소액임차인 최우선변제 금액은 가장 최신의 갱신된 소액보증금의 범위와 최우선 변제액을 의미하는 것이 아니라, 앞의 자료에서 보는 바와 같이 등기부등본상 근저당권이 접수된 접수일을 기준으로 해서 최우선변제 시점을 판단한다.

해당 등기부등본에는 접수일이 2018년 1월 24일로 되어 있으므로 '최우선 변제금액'은 2016년 3월 13일 이후 범위인 빨간 네모 칸이 그어진 곳의 최우선 변제금을 봐야 한다. 많이들 헷갈리는 부분이다. 반드시 기억하자. 최신의 소액보증금의 범위가 아니라 최초 근저당이 접수된 날을 기준으로 해서 최우선 변제금액을 산정해야 한다.

계약갱신요구권은 임차인이 법이 정한 범위 내에서 1회 갱신을 요구할 수 있고(총 거주기간의 안정성 보장), 임대인은 법정 거절 사유가 있을 때만 거절할 수 있다고 정의하고 있는 주택임대차보호법의 최신 개정 내용이다. 계약기간이 만료되기 전에 임대인과 임차인이 아무 조치를 하지 않고 그냥 기간이 지나가버리는 경우에는 통상 묵시적 갱신이 성립하니, 최소 만료 2개월 전에 '갱신할 것인지 퇴실할 것인지' 의사를 정리해 상대방에게 서면으로 보내야 하기 때문에 잊지 않고 연락을 미리 취할 수 있도록 일정

관리를 해두는 것이 좋다.

공인중개사의 입장에서 계약의 만기를 챙기는 것은 계약 갱신의 경우는 고객관리 차원으로 한번, 만약에 임차인이 퇴실한다고 하면 좋은 고객과 좋은 물건이 동시에 얻을 수 있는 2마리 토끼를 잡는 작업이기 때문에 독자 여러분이 진행한 계약의 만기를 챙기는 것은 매우 중요한 일이다.

가끔 임대인 중에 계약갱신청구권이나 임차권 보장 등 반드시 지켜야 할 규정을 어기는 특약을 써달라고 요구하는 경우가 있다. 그런 경우에 공인중개사는 임차인에게 불리한 강행규정에 대한 배제 및 약화 특약은 모두 무효임을 임대인과 임차인에게 알리고 중재해주는 역할이 필요하다. 임차인에게 불리한 특약은 모두 무효라고 봐도 무방하다. 우리나라의 임차인을 보호하는 특별법은 상당히 강하다.

상가건물임대차보호법 3대 요소, 사업자등록·대항력·권리금

'상가건물임대차보호법'은 영리 목적의 상가·사무실 임대차에 적용된다(비영리 목적의 사무실 임대차에는 적용되지 않는다). 우선변제권, 임대료증액 5% 상한과 같은 일부 조항은 '환산보증금' 기준 이하에서만 적용되는 반면, 권리금 회수기회 보호·계약갱신요구권(10년 보장) 등은 상임법에서 기준으로 하는 '환산보증금' 범위를 넘어가도 보호받을 수 있는 권리다. 기준 금액이 지역·시점에 따라 변하므로, 계약 전 최신 상가임대차보호법 금액표 확인은 주택임대차보호법과 마찬가지로 중요한 부분이다.

대항력은 '사업자등록+점유'로 성립한다. 주택과 달리 전입이 아니라 사업자등록이 핵심이다.

우선변제권은 '대항력 요건(사업자등록+점유)+확정일자'로 경·공매 시 우선변제 조건을 갖춘다. 소액임차인 최우선변제 기준은 주택은 '보증금'인데 반해 상가의 경우에는 '환산보증금'을 기준으로 한다. 그러나 상가건물의 경우에는 보통 전세라는 개념보다는 압도적으로 월세로 임차하는 경우가 많기 때문에 실무에서는 우선변제권을 위한 확정일자를 받는 경우가 흔치 않다. 독자 여러분들이 고객에게 이러한 우선변제권의 효과를 설명해주고 확정일자를 받게 해준다면 조금 더 전문적인 공인중개사로 보일 수 있을 것이다. 일부 공인중개사들은 상가건물에 확정일자를 받는다는 개념조차 모르는 경우도 많이 존재한다.

확정일자를 받는 방법은 세무서에서 사업자등록증을 발급받을 때, 함께 확정일자를 부여해달라고 요청하면 끝이다. 매우 간단한 일이니 꼭 받아두도록 하자. 특히 건물이 신탁등기로 되어 있는 경우는 시행사가 분양을 다 하지 못하고 보유하고 있는 물량을 임대차하는 경우가 많으므로, 시행사가 대출이자를 갚지 못해 공매에 넘어가는 경우 확정일자를 받지 않으면 우선변제권이 발생하지 않기 때문에 문제가 될 수 있다.
하지만 사업자등록과 점유만으로 대항력은 발생하기 때문에 공매에 넘어가는 극단적인 경우라도 임차권은 보호된다는 점을 잊지 말자.

계약갱신요구권은 법이 정한 최대 기간까지 갱신 요구가 가능하게끔 하는 권리다(거절 사유는 법으로 한정되어 있다). 장사 맥이 끊기는 일을 줄이기 위한 제도적 안전판이다. 현재로서는 10년까지 보장하고 있다. 이는 환산보증금이 기준을 초과한다고 하더라도 보장받는 규정이다. 예전에는 환산보증금 초과 시에는 보장받지 못하는 규정이었으나 최근 개정되었다.

권리금 회수기회 보호

임차인은 계약 종료 직전 일정기간(통상 종료 전 6개월부터 만료 시) 동안 신규 임차인을 주선할 수 있고, 임대인은 정당한 사유 없이 이를 방해할 수 없다. '바닥권리금·영업권리금·시설권리금'의 현실을 법이 그대로 보장해주는 것은 아니지만, 기회 자체를 보장한다는 점이 포인트다. 방해에 해당할 수 있는 행위(과도한 임대료 인상·부당한 조건 강요·비합리적 거절 등)를 계약서에 예시로 열거하면 분쟁 시 유리하다. 손해배상은 통상 실제 권리금 상당액 범위에서 산정된다.

차임·관리·원상복구의 명시

상가는 관리비 항목이 다양하고, 원상복구 범위에 대한 오해가 잦다. 관리비 항목(경비·청소·전력·승강기·냉난방·정화조·도로점용료 등) 등 상당히 다양하다. 어떤 건물은 임대인이 내기도 하고 어떤 건물은 임차인이 내기도 한다. 특히 정화조 청소, 도로점용료 등과 같은 비용은 임대인이 임차인에게 요구하는 경우도 많기 때문에, 임차인에게 사전 고지하지 않으면 나중에 분쟁의 소지가 될 수 있으므로 상가는 관리비 항목을 꼼꼼히 체크해야 한다.

원상복구 기준시점(인도 시 상태 vs 준공 상태)에 대해서는 앞에서도 많이 언급했던 부분이다. '인도 시 상태인지, 준공 시 상태인지'에 대한 문제로 추후에 다투는 경우를 많이 봤다. 반드시 명확하게 명시해야 한다. 또한 원상복구 상태의 기준을 담은 기타 별첨 사진과 계약서를 간인으로 묶어라.

용도·허가 관련해서는 건축물에 위반사항이 있는 경우에 신고·허가 업종이 들어올 수 없다. 그렇기 때문에 사전고지는 필수다. 건축물대장 위반 건축물 표기 여부, 업종 신고·허가 가능성(배수·가스·스프링클러·장애인 화장실·경사로 등)을 계약 전 체크해야 한다. 허가 불가 시 계약 해제·해제권·비용 귀속에 관한 조건부 특약이 안전하다.

차임·보증금 증감 청구권

상가임대차에서 차임(월세)·보증금의 증감은 법·조례가 정한 범위와 '상당한 이유'라는 두 축 위에서만 움직인다. 예컨대 임대차보호법 보호 대상(서울 기준 환산보증금 9억 원대 범위 등)에 해당하면, 통상 증액 상한은 5% 이내로 제한된다. 이 범위 안에서의 인상 요구는 임차인이 체감상 불리하더라도 현실에서는 거부하기가 어렵다. 반대로 감액 청구는 제도적으로 가능함에도, 현장에서는 임대인이 수용하는 경우가 드물다. 결국 사전 특약과 증빙 기반 협상이 관건이다.

따라서 애초에 계약서상 특약으로 '몇 년간은 임대료를 동결하고, 몇 년 후부터 임대료를 5%씩 인상한다' 등의 특약을 걸어두는 경우가 있다.

동결하는 기간이 길다면 임차인에게 유리하지만 동결기간이 긴 경우에는 계약기간을 길게 요구하는 경우가 많기에 장사가 잘되지 않아 중간에 나가고 싶어도 해지가 어려워 나갈 수 없다는 단점이 있다.

인상 요구기간이 짧다면 임대인에게 유리하지만, 계약기간을 짧게 가져갈 수 있다. 매년 월세 인상에 대한 부담은 발생하나, 어려운 시기에 빠른 업종 전환 또는 처분이 가능하기 때문에, 업종에 따라 어떤 방향이 더 이로울지는 임대인과 임차인 양 당사자 사이에서 중재자의 역할을 잘해야 할 것이다.

구두 합의는 기억에서 흐릿해지고 다툼의 뇌관이 된다. 증액률·시기·방법을 특약으로 명확히 기재하고, 문자·이메일 등 타임스탬프가 남는 수단으로 통지해 분쟁을 선제 차단하자.

강행규정과 특약의 경계 '쓸 수 있는 특약'과 '써도 무용한 특약'

임대차보호법 체계의 다수 조항은 강행규정(당사자 합의로 배제·완화 불가)이다. 예컨대 임차인의 갱신요구권을 사전에 포기시키는 특약, 상가의 권리금 회수기회 방해를 허용하는 특약 등은 효력이 부정된다.

반면, 원상복구 기준이나 하자 및 훼손 수리의 원인자 부담, 관리비의 상세한 항목화 및 임대료의 증액 시기 및 방법 등은 분쟁 예방을 위해 오히려 구체적이고 상세한 특약을 권장한다. 초보 공인중개사의 실수는 대개 '아무것도 적지 않거나, 적어야 할 것을 빼먹는 것'에서 발생하기 때문이다.

공인중개사가 지켜야 할 3원칙 '설명·기록·증빙'

확인·설명서는 '형식'이 아니라 '하자 책임을 누가 질 것인지에 대한 확약'이 가장 중요한 부분이라고 할 수 있다. 필자도 계약 시에 확인·설명서 부분에서 가장 강조해서 설명하는 부분이 하자보수 책임에 관한 내용이다.

현재 시설물 상태 체크를 현장 확인을 통해서 했음을 임대인과 임차인이 있는 곳에서 다시 한번 고지하고, 하자 없는 곳에 문제가 발생하면 임대인에게 수리 요청을, 하자가 있음을 인지한 부분에 대한 언급하지 않는 것으로 임대인과 임차인에게 구두상 다시 한번 확답을 받는다. 이는 당사자가 그렇게 해야 한다라는 의무에 대한 책임을 다시 한번 환기시키는 효과를 가진다.

등기사항증명서상 권리관계의 설명 및 하자책임, 위반건축물 여부 등 고객이 반드시 알아야 할 내용을 고지하고, 설명받고 인지했음을 서명을 받아 보관해두어야 한다.

언제나 통지하고 합의 요청하는 상황에서는 정보가 남지 않는 구두상 통지는 공인중개사에게 불리하게 작용할 수 있으므로 아주 심각한 하자나 문제에 대해서는 추가적으로 문자메시지나 카카오톡 등 타임스탬프가 남는 수단으로 증거를 남겨두는 것이 좋다. 전화로 하는 경우는 통화녹음을 해두는 것이 좋다(당사자 간 통화녹음은 불법이 아니다). 서류는 곧 분쟁의 소화기다. 간혹 임대인들이 요청하는 서류를 준비해오지 않는 경우가 있다, 자기가 살면서 한 번도 받아본 적이 없는 요청이라고 하시면서 오히려 공인중개사를 이상하게 보신다. 까탈스러운 공인중개사로 보기도 한다. 이제는 주먹구구식 계약은 통하지 않는 시대다. 예전 스타일을 고수하는 임대인들을 잘 설득해서 요즘의 방식을 인지하도록 하는 것 또한 공인중개사의 역할이다.

중개 현장은 '사람의 일'이지만, 그 사람의 마음이 변해도 지켜낼 수 있게 해주는 장치가 곧 법이다. 주거용은 '전입+점유+확정일자', 상업용/업무용은 '사업자등록+점유+확정일자'가 곧 뼈대다. 숫자는 변할 수 있어도 구조는 변하지 않는다.

초보라면 외워야 할 것은 조문 전체가 아니라 작동 원리다. 원리를 이해하면 특약을 설계할 줄 알게 되고, 설계를 잘하면 분쟁은 절반으로 줄어든다. 법은 규제가 아니다. 당신의 시간을 아끼고, 고객의 재산을 지키며, 당신의 책임을 가볍게 하는 안전장치다. 오늘부터 계약 한 건, 한 건에 이 안전장치를 정확히 장착하라. 그 꾸준함이 곧 당신의 평판이 된다.

PART 10

중개 고수들만 아는
핵심 키워드 모음

현장에서 답하는 기술, 평당가란 무엇인가?

중개 현장에서 평당가는 나침반이다. 주거·업무·상업을 막론하고 가격의 '기준선'을 잡아주고, 낯선 건물을 마주했을 때도 흔들리지 않는 즉시 브리핑을 가능케 한다. 전제는 단 하나. 전용면적 기준으로 계산한다는 원칙을 먼저 세워두자.

업무용, 상업용, 주거용 할 것 없이 평당가의 개념은 상당히 중요하다. 우선 전용면적 기준으로 판단해야 한다는 것을 알고 시작하자. 예를 들면 이런 것이다.

[평당가 적용 예시]

- 매매 평당가 = 매매가 ÷ 전용면적(평)

  예) 반포 ○○아파트 매매 평당가 약 2.5억 원/평

- 임대(월세) 평당가 = 월 차임(임대료) ÷ 전용면적(평)

  예) 서초 신축 1층 상가임대 평당가 50~70만 원/평

  당산역 신축 오피스 임대 평당가 10~12만 원/평

같은 '평당가'라 해도 매매와 임대는 차원이 다르다. 책정 기준이 다르니, 맥락을 항상 함께 말하는 습관이 필요하다(예 : 임대 기준 평당가, 매매 기준 평당가).

평당가, 왜 중요한가? 현장에서 바로 쓰는 힘이기 때문이다.

고객이 묻는다. "저 빌딩, 30평이면 월세가 대략 얼마나 될까요?"

현장에 처음 보는 건물이어도, 권역별 평당가만 머릿속에 있다면 즉시 답할 수 있다.

"이 라인은 핵심상권이라 임대 평당가가 높습니다. 30평×(평당가 11만 원) 정도면 월 330만 원 전후로 대략 보시면 됩니다. 관리비·부가세는 별도라고 생각하시면 됩니다."

이처럼 평당가는 가격의 언어다. 핵심상권, 안정상권, 보조상권을 구획하고, 대략의 적정선을 논리적으로 제시하게 해준다. '감(感)'이 아닌 '수치(數值)'로 말하는 공인중개사는 신뢰가 다르다.

당신만의 '권역별 평당가 시트' 중심지역으로 들어갈수록 평당가는 높아진다. 앞장에서 매물장 작성법에 대해 알아봤다. 예시로 보여준 이미지를 보면 평당가가 나와 있다. 전용면적을 기준으로 평당가를 계산하도록 하자. 공급면적만 제시된 매물은 전용률을 보정해 전용으로 통일하자(건

물마다 전용률이 다르기 때문에 규칙성을 부여하자면 전용면적으로 통일하는 것이 효율적이다).

필자가 평당가를 적는 이유는 해당 지역에서 가장 핵심상권, 안정상권, 보조상권을 구분하고, 대략적인 가격을 판단해볼 수 있는 주요 지표가 되기 때문이다. 평당가를 계산해보면 더욱 그 지역의 핵심상권이 어딘지 눈에 잘 보인다. 실질적으로 중심지역으로 들어갈수록 평당가는 높아지기 마련이다.

[계산 예시(30초 답변용)]

- 오피스 임대
  전용 30평, 권역 평균 11만 원/평 → 월세 약 330만 원

- 상가 임대(1층)
  전용 20평, 평당가 60만 원/평 → 월세 약 1,200만 원

- 아파트 매매
  전용 30평, 평당가 2.5억 원/평 → 매매가 약 75억 원

바로 쓰는 현장 스크립트

"이 라인은 코어라 11~12만 원/평대가 일반적입니다. 30평이면 월

330~360만 원 전후, 관리비·부가세는 별도일 가능성이 큽니다."

"서초 신축 1층은 50~70만 원/평 수준입니다. 코너·간판 시인성 좋으면 평당가 상단부를 보셔야 하고, 보조상권은 평당가 하단으로도 협상 여지가 있습니다."

"반포 아파트 매매는 약 2.5억 원/평으로 보되, 동·라인·층·조망 따라 편차가 큽니다. 비교표로 3개 정도 라인 제시해드릴게요."

평당가는 감(感)을 수(數)로 번역하는 도구다. 전용 기준으로 통일하고, 권역별 밴드를 갖춰두라. 그러면 어떤 현장에서도 논리적이고 일관된 브리핑이 가능해진다. 기록이 쌓일수록, 그 지역의 진짜 핵심상권이 지도로 드러난다.

주변에 상권을 분석하면서 해당 상권의 평당가를 물으면 모르는 공인중개사들이 허다하다. 그것은 그 지역의 핵심상권이 어디인지를 정확히 파악하지 못하고 감으로만 기억한다는 의미가 된다.

늘 강조하지만 뇌는 그렇게 영리하지 않다. 기억으로 해결하려 하지 말고 반드시 정보를 기록으로 남겨두도록 하자.

눈으로 면적을 판단하는 기술, 전용률이란 무엇인가?

필자가 말하고자 하는 것은 전용률의 사전적 정의나 계산식 자체가 아니다. 업무용 중개 현장에서는 임대인이 제시하는 면적이 임대(공급)면적인지, 전용면적인지조차 불분명한 사례가 빈번하고, 더 나아가 임대인 본인도 기준을 정확히 인지하지 못한 채 수치를 제시하는 경우가 적지 않기 때문이다. 이러한 환경에서 초보 공인중개사가 실수를 줄이기 위해서는 건물의 물리적 조건을 통해 전용률을 '대략 판단'하는 능력, 곧 현장 분석력이 필수적이다.

전용률은 체감상 신축·대형은 낮고, 구축·소형은 높다. 전용률은 건물의 용도, 규모, 코어 배치, 법규 요건 등에 따라 상이하지만, 현장에서 유효한 대원칙은 다음과 같다.

신축·대형일수록 전용률이 낮아지는 경향이 있다. 현행 건축 규제(용도

지역별 건폐율·용적률, 인접 대지 및 도로와의 이격, 피난·설비 기준 등)가 엄격해지면서 엘리베이터, 계단, 등 코어부와 로비·복도·공용 화장실의 면적이 커졌다. 이로 인해 바닥면적 대비 전용으로 귀속되는 면적 비중이 상대적으로 감소한다. 예컨대 여의도급 대형 오피스에서는 전용률 약 45~55% 범주가 일반적이다.

반대로 구축·소형일수록 전용률이 높아지는 경향이 있다. 과거에는 이격·피난 기준이 비교적 느슨했고, 공용부를 최소화하는 설계가 보편적이었다. 이로 인해 바닥면적 대비 전용이 크게 나오는 경우가 많다. 일반 안정상권의 구축 소형빌딩에서는 전용률 약 70~80%도 드물지 않게 볼 수 있다.

이 2가지 체감 법칙만 몸에 익혀도, 임대인이 '30평'이라고 말했을 때 그것이 전용 기준인지, 임대(공급) 기준인지에 대해 합리적인 가늠을 즉시 해볼 수 있다.

집합건물(아파트 등) 형태의 건축물대장에는 전용면적이 명확히 기재되는 반면, 일반 상가·오피스 빌딩은 층별 바닥면적만 기재된 경우가 많다. 이때에는 다음 절차로 전용 추정값을 내볼 수 있다.

해당 층의 공부상 면적을 수치로 확보한다(일반적으로 건축물대장을 보면 해당 건물 해당 층의 바닥면적을 알 수 있다). 공용부를 육안으로 판독할 수 있는 현장에서 코어(엘리베이터, 계단) 규모, 복도 폭, 공용 화장실의 위치와 면적, 로

비·피난층 구성, 기계실·전기실의 분포를 파악하면 정확한 면적을 확인해볼 수 있겠지만, 도면 없이 직접 치수를 측정하는 일은 거의 불가능에 가깝다.

그러나 필자는 경험적 수치로 공용부의 대략적 비중을 파악해보지 않고서도 전용면적 추정치를 알 수 있다.
바닥면적에서 약 10~15%를 차감해 전용으로 임시산정 해볼 수 있다. 복도가 크고 엘리베이터가 있는 경우는 15%, 복도가 작거나 엘리베이터가 없는 경우에는 10% 정도를 적용한다. 대략 전용면적을 유추해볼 수 있다.

코어가 크고 공용부가 두터운 신축·대형은 차감률을 20~30%로 확대 적용할 수도 있지만 보통 대형 오피스의 경우에는 담당자들이 임대면적과 전용면적 그리고 전용률을 정확하게 전달하는 정보력이 일반 건물주보다 상당히 높기 때문에 신축·대형건물에 해당 팁을 굳이 활용할 일은 드물 것이다. 오래되거나 작은 건물 또는 빌딩 등에 활용해보면 좋다.

무엇보다 가장 중요한 것은 이 방식은 현장 검토 전 단계에서 대략 추정하는 과정에 불과하므로, 현장답사와 실측을 통한 정확한 정보 취득이 필수라는 점이다. 담당자에게 도면을 요청해서 도면상 실측을 해보는 것이 가장 정확한 정보 전달에 도움이 될 수 있음을 알고 있도록 하자. 그럼에도 초기 브리핑 단계에서 의사결정자의 판단을 돕는 데는 충분한 실무적 효용이 있다.

현장에서는 임대인이 면적을 관행적으로 크게 말하는 경향이 존재한다. 의도와 무관하게 빈번히 발생하는 정보 비대칭이므로, 공인중개사는 정중하면서도 단정적인 검증 문장으로 기준을 통일해야 한다.

"방금 말씀해주신 30평이 전용 기준인지, 아니면 임대(공급) 기준인지 한 번만 확인을 부탁드리겠습니다."

"해당 라인은 코어가 다소 두터워 보입니다. 바닥면적 대비 전용은 약 10~15% 차감해 보시는 것이 타당합니다. 도면 수령 후 정확 수치로 재확인 해드리겠습니다."

공인중개사에게 가장 해로운 표현은 "모르겠습니다"다. 동일한 사실을 전달하더라도 "확인 후 정확히 보고드리겠습니다"라는 표현은 신뢰를 유지하면서도 불확실성을 관리하는 데 결정적이다.

전용률 판독의 정확도는 순간적 직관만으로 확보되지 않는다. 반복 기록과 교차 검증의 누적이 필수적이다. 내부 장부와 고객을 상대로 한 브리핑은 항상 전용 기준으로 작성하고 전용 기준으로 브리핑한다. 임대(공급) 기준은 보조 지표로 활용해도 좋다. 건축물대장·도면 등 문서 확인과 현장 시각 판독을 반드시 병행한다.

전용률은 수식의 문제가 아니라 현장 판독력의 문제다. 그러나 그 감각은 우연히 생기지 않는다. 신축·대형은 전용률이 낮고, 구축·소형은 전용률이 높다는 체감 법칙 위에, '10~15% 차감'이라는 운용 규칙을 얹고, 건축물대장과 도면 판독을 통한 이중 검증을 병행해야 한다. 그럴 때만 고객 또는 임대인의 질문에 즉시, 그러나 정확하게 응답할 수 있다.

결국 '모른다'가 아니라 '확인해서 정확히 보고한다'라는 태도가 신뢰를 지키고, 작은 실무 팁들의 축적이 초보 공인중개사를 숙련된 공인중개사로 인도한다.

1명의 고객, 2번의 계약!
이동의 양 끝을 동시에 잡아라

1명의 고객, 2번의 계약 '이동의 양 끝'을 동시에 잡아라.

"하나의 고객으로 여러 개의 계약을 만든다"라는 말의 핵심은 단순하다. 고객의 '출구(퇴거·양도)'와 '입구(입주·양수)'를 함께 관리하라는 뜻이다.

주거든 업무용이든 사람과 사업은 이동한다. 나가면 들어가야 하고, 줄이면 남는 공간이 생기며, 확장하면 새 자리가 필요하다. 이 '이동의 양 끝'을 동시에 설계하면 한 고객으로 계약 기회가 2배 이상이 된다.

고객에게 반드시 물어야 한다. "여기서 나가시면 다른 곳을 구하시나요?" 이 질문 하나가 계약 하나를 더 성사시킬 가능성을 높인다. 고객 입장에서도 한 중개사무실에서 동시에 중개를 받을 수 있으면 중개보수료를 어느 정도 세이브할 수 있다고 생각할 것이고, 더욱이 그 공인중개사가 믿을 만한 신뢰할 수 있는 공인중개사라면 더욱 내가 빼는 곳, 내가 들어가는 곳 모두 중개를 맡기고 싶어 할 것이다.

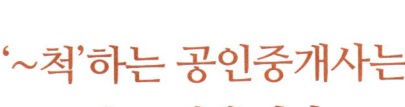

'~척'하는 공인중개사는 바로 아웃이다

초보 공인중개사는 고급 정보를 최대한 고객에게서 끌어내야 한다!

초보 공인중개사에게 가장 중요한 태도는 부끄러움을 버리고 자신감을 가지는 것이다. 그리고 그 자신감은 모든 것을 아는 척에서 나오는 게 아니라, 모르는 것을 솔직히 묻고 배우려는 자세에서 나온다. 사실 고객에게 배울 수 있는 시간은 길지 않다. 초반 1년 남짓뿐이다. 그 이후에는 전문가로서 고객을 이끌어야 하기 때문이다. 그러니 초보 시절에는 무엇이든 배워야 한다. 많은 신입 공인중개사들이 흔히 이렇게 생각한다.

'나는 이제 막 들어온 신입이다. 그런데 커피숍을 창업하려는 사장님과 미팅이 잡혔다. 전문가처럼 보여야 한다. 실수하면 안 된다. 이번에는 꼭 잘해야 한다.'

열정은 가득하다. 그러나 열정과 허세는 다르다. 모르는 것을 아는 척

하는 순간, 그 분야의 전문가인 고객에게는 금세 들통이 난다. 그때의 신뢰 상실은 회복하기 어렵다.

필자 역시 초보 시절, 고객들에게 질문을 많이 했다. 의외로 많은 고객이 자신들의 전문 분야에 관해 묻는 필자를 반가워했다. 사람은 누구나 자신이 아는 이야기를 나누는 걸 즐기기 때문이다. 물론 모든 고객이 그런 것은 아니다. 어떤 고객은 우리에게 전적으로 의지하며 도움을 받고 싶어 한다. 하지만 그와 달리 스스로 전문성을 가진 고객이 찾아왔을 때는, 그야말로 폭풍 질문을 쏟아내야 한다.

[예시]
"50평이면 카페 테이블을 몇 개 정도 놓을 수 있을까요?"
"하루에 몇 명의 손님이 와야 손익분기점을 넘으실까요?"
"커피 업종에서 매입 비중은 전체 매출에서 보통 어느 정도를 차지하나요?"
"원두는 어디서 구매하시나요? 가격대는 보통 얼마쯤 되나요?"

계약이 성사되지 않더라도 괜찮다. 이미 그 만남에서 커피 업종에 대한 실전 지식을 얻었기 때문이다. 다음 고객을 만날 때는, 그 지식을 토대로 조금 더 전문가에 가까운 대화가 가능해진다.

따라서 초보 공인중개사가 가져야 할 정답은 '아는 척'이 아니다. '척'하는 공인중개사는 바로 아웃이다. "확인해보고 알려드리겠습니다" 또는 "제가 이 부분은 아직 잘 모르는데 알려주실 수 있을까요?"라는 솔직한 태도가 중요하다. 이렇게 배우고 나면, 비록 이번 고객과 계약이 성사되지 않더라도 다음 기회에서 더 큰 열매를 맺을 수 있다.

무조건 전문 공인중개사처럼 보일 필요는 없다. 결국 중개업의 본질은 사람의 마음을 얻는 일이다. 그리고 때로는 솔직함이 고객의 마음을 움직인다. 물건은 고객이 보고, 계약은 공인중개사가 한다. 고객의 마음을 잡는 공인중개사는 이론만 완벽히 아는 공인중개사보다 더 많은 계약을 성사시킨다.

에필로그

출발선에 선 당신에게

책을 덮는 지금, 아마 마음 한편에는 여전히 두려움이 남아 있을지 모른다. '내가 할 수 있을까?' '내가 성공할 수 있을까?' 하지만 그 두려움은 낯선 길을 선택한 이들만이 느낄 수 있는 자연스러운 감정이자 동시에 에너지다.

아무것도 하지 않으면 아무 일도 일어나지 않는다. 그냥 어제의 내가 오늘의 내가 되는 그런 평범한 삶을 꿈꾸는가? 새로운 도전을 통해서 새로운 나를 발견하고, 생각하지 못했던 단계에 올라와 있는 나를 상상하는가? 필자 또한 처음의 선택은 무척이나 어려웠고, 시작 또한 쉽지 않은 여정이었다. 매 계약이 전쟁 같았고, 전화 한 통이 두려움이었으며, 사람을 만나는 것이 힘들었고, 계약 진행 한 건, 한 건에 진땀을 흘리던 초보 공인중개사였다.

그러나 결국 지나간다. 우리가 두려워해야 할 유일한 것은 두려움 그 자체다(프랭클린 루스벨트, Franklin Roosevelt). 두려움은 잠시지만, 도전하지 않은 것에 대한 후회는 평생을 당신을 따라다닐 것이다. 두려움이라는 것은 도전하는 자에게만 오는 특권 같은 것이다. 두려움을 느끼는 지금을 즐겨라. 그 두려움이 당신을 새로운 길로 인도할 것이다.

공인중개사는 단순한 직업이 아니다. 고객의 인생에서 몇 번 되지 않는 가장 큰 결정을 함께 설계하는 전문가다. 공인중개사에게 자격증은 이 일을 시작하게 하는 출발선일 뿐이다. 실무와 이론은 전혀 다른 이야기다. 책에 나오는 것과 같이 모든 것이 정렬되어 움직인다면, 필자는 이미 많은 고객과 수도 없이 많은 계약을 통해 억만장자가 되어 있어야 맞을 것이다. 하지만 현실은 그렇지 않다.

이 책을 편 당신 또한 그러한 이유를 알기에 더 많은 정보를 습득하고 당신 것으로 만들기 위한 작업을 끊임없이 하고 있는 것 아닌가? 공부와 경험으로 쌓는 내공에는 끝이 없다. 매번 하는 계약이라도 한 건, 한 건의 계약의 변수는 늘 존재하고 매번 새롭다. 시장은 하루가 다르게 변하고, 고객은 그보다 더 빠르게 진화한다. 고객은 이미 각종 매체를 통해 많은 정보를 접하고 있다. 고객을 압도하지 못하는 공인중개사는 도태되고 말 것이다. 결국 이 시장에서 살아남는 힘은 끊임없이 배우고, 자신을 단련하는 데에서 나온다.

기억하길 바란다.
부동산 중개업은 경쟁자와의 싸움이기도 하지만, 결국 자기 자신과의 싸움이기도 하다. 게으름과 타협하지 말아야 한다. 엉덩이가 무거워지는 순간 우리 일의 절반은 이미 무너진 것이나 다름없다. 하루의 루틴을 세우고 반드시 지켜야 한다. 그 루틴이 당신을 '계약 많이 하는 공인중개사'로 만들어줄 것이다. '언제나 손님이 넘쳐나는 공인중개사'로 만들어줄 것이다.

이 책에서는 당신에게 그럴 만한 충분한 인사이트를 제공하고 있다. 이 책을 한 번으로 끝내지 말고, 당신 것으로 만들 때까지, 당신의 일상에 루틴이 자리 잡을 때까지 읽고 또 읽어라. 나만의 루틴을 가진 자, 그 사람이 바로 이 시장에서 살아남을 1%의 공인중개사다.

이제 고객은 저절로 오지 않는다. 우리가 해야 할 일은 단순히 문을 열고 기다리는 것이 아니라, 고객이 우리를 '발견'하도록 설계하는 일이다. 중개업은 결국 신뢰의 비즈니스다. 신뢰를 얻은 공인중개사는 곧 능력 있는 공인중개사로 인지되고, 능력에 대한 기대는 자연스럽게 좋은 매물과 좋은 제안을 향한 신뢰로 이어진다. 정보가 넘쳐나는 시대일수록, 검증된 정보를 꾸준히 제공하고 해석해주는 사람에게 시선이 머문다. 그러므로 우리는 자신을 드러내야 한다. 유튜브, 인스타그램, 블로그 등 마케팅의 형식은 다양하다. 어떤 방식이든 간에 수단과 방법을 가리지 말고 당신을 알려야 한다. 일하는 방식, 가치관, 시장을 읽는 관점, 지역과 상품에 대한 지식을 미래 당신의 잠재 고객들에게 끊임없이 제공하라. '내가 여기 있다'라는 신호를 분명하게, 지속적으로 보낼 때 비로소 고객의 길이 우리에게 열린다.

결국 살아남는 공인중개사는 루틴과 브랜딩을 결합한 사람이다. 매일의 임장과 기록, 간결한 브리핑과 사후 피드백, 한 줄의 시세 코멘트와 한 장의 제안서가 쌓여 하나의 계약을 만든다. 당신 자신이 곧 브랜드다. 스스로 존재를 명확히 알리고, 신뢰 가능한 정보를 꾸준히 제공하며, 고객의 마음을 안심으로 바꾸는 사람, 그 사람이 오늘의 시장에서 상위 1%로 남는다.

필자 역시 이 길을 걸으며 직장생활에서 느끼던 무력감을 벗어던지고, 필자의 삶을 새롭게 쓰게 되었다. 이제 당신이 그 길을 이어갈 차례다. 언젠가 후배 공인중개사가 "선배님, 어떻게 여기까지 오셨습니까?"라고 묻는 날이 올 것이다. 그때 오늘의 선택과 노력이 흔들림 없는 대답이 될 것이다. 앞으로의 여정을 진심으로 응원한다. 이제 당신은 '공인중개사'라는 이름 앞에 신뢰와 실력을 차곡차곡 더해 나가야 한다.

독자 여러분들의 시작을 축하한다.
그리고 그 길에서 반드시 살아남아 성장하길 바란다.
언젠가 성공한 모습으로 다시 만날 날을 기약하며….

이소연

왕초보 공인중개사 실전 매뉴얼
나만 알고 싶은 중개실무 시크릿북

제1판 1쇄 2025년 12월 5일

지은이	이소연
펴낸이	한성주
펴낸곳	㈜두드림미디어
책임편집	이향선, 최윤경
디자인	얼앤똘비악(earl_tolbiac@naver.com)

㈜두드림미디어

등록	2015년 3월 25일(제2022-000009호)
주소	서울시 강서구 공항대로 219, 620호, 621호
전화	02)333-3577
팩스	02)6455-3477
이메일	dodreamedia@naver.com(원고 투고 및 출판 관련 문의)
카페	https://cafe.naver.com/dodreamedia

ISBN 979-11-24026-13-7 (03320)

책 내용에 관한 궁금증은 표지 앞날개에 있는 저자의 이메일이나
저자의 각종 SNS 연락처로 문의해주시길 바랍니다.

책값은 뒤표지에 있습니다.
파본은 구입하신 서점에서 교환해드립니다.